Freya Pausewang

Macht mich stark für meine Zukunft!

Wie Eltern und ErzieherInnen die Kinder in der frühen Kindheit stärken können

Inhaltsverzeichnis

Einleitung

Viele Eltern machen sich Sorgen, wie die Zukunft ihrer Kinder aussehen wird und wie sie ihre Kinder auf ein Leben vorbereiten können, das Veränderungen des Lebensstils verlangen und hohe Herausforderungen stellen wird. Die Sorgen betreffen nicht nur die Gestaltung des individuellen Lebens mit Schul- und Berufsausbildung, Arbeitsplatzsuche und ausreichendem Lebensunterhalt, sondern auch und vor allem die globalen Entwicklungen. Die Veränderungen, die auf heutige Kinder in ihrem Leben zukommen werden – insbesondere in den Industrieländern –, sind nur in Ansätzen erkennbar. Die Zukunft birgt für Kinder eine Menge von Ungewissheiten. Das ist als solches nicht neu, Zukunft ist immer ungewiss. Allerdings erstreckt sich die heutige Ungewissheit nicht nur auf individuelle oder nationale Problembewältigungen, sondern umfasst globale Dimensionen. Sie birgt die zunehmende Gefahr, Teile des Planeten Erde unfruchtbarer oder – etwa durch Überschwemmungen – auch unbewohnbar zu machen und wird Änderungen des Lebensstils erzwingen. Deshalb ist die Unsicherheit der heutigen Zukunft breiter und weit grundlegender als alle bisherigen unsicheren Zukunftsaussichten von Menschen. Da es nicht nur um die Bewältigung von Ungewissheiten für den jeweils einzelnen Menschen geht, verlangt heutige Zukunft die Bereitschaft, global zu denken und global verantwortlich zu handeln.

Der Mensch wird hilflos und unselbstständig geboren. In seiner beschützten Kindheit lernt er diejenigen Fähigkeiten, die er für die Bewältigung seines Erwachsenenlebens, für den Umgang mit Ungewissheiten und für schwierige Aufgaben in seiner Zukunft benötigt. Dafür sind Kinder von Natur aus mit einer enormen Wissbegierde, mit hoher lustvoller Lernfähigkeit und unermüdlicher Zielstrebigkeit und Ausdauer ausgestattet. Allerdings müssen Kinder bereits in ihrer frühen Kindheit im Aufbau von Stärke, Zielstrebigkeit und Durchhaltevermögen bestärkt werden, um später leistungsfähig und belastbar zu sein, um Hürden zu meistern und nicht zu resignieren. Die frühe naturgegebene hohe Lern- und Anstrengungsbereitschaft lässt im Laufe der Entwicklung nach. Dieser Prozess geschieht schneller, wenn der Mensch in seiner frühen Kindheit seine Anstrengungsfähigkeit wenig benötigt, sie nicht voll einsetzt und nicht durch entsprechende Erfolge seiner Bemühungen bestärkt wird.

In der mittleren Kindheit (ab der Grundschulzeit bis zur Pubertät) sind Anstrengungsbereitschaft und Werthaltungen schon stark geprägt, etwa das Durchhaltevermögen, die Risikobereitschaft, soziales Empfinden oder wertschätzendes Umgehen mit Dingen, mit Pflanzen und kleinen Tieren. Der Aufbau von ethischen Werten und Änderungen des Verhaltens sind dann wesentlich schlechter zu erreichen und bedeuten im Gegensatz zu den ersten Lebensjahren für ein Kind häufig ungewohnte und harte Umstellungen. Verhalten, das nicht mit Wohlgefühl verbunden ist, wird dann schwerer angenommen und umgesetzt. Die anstrengenden Hürden der Jugendjahre wirken ebenfalls belastender und problematischer für den jungen Menschen, wenn er nicht in seiner frühen Kindheit Herausforderungen häufig als reizvoll empfunden und erfolgreich bewältigt hat.

In diesem Buch wird in unterschiedlichen Entwicklungsbereichen konkretisiert, wo sich aufgrund der naturgegebenen Entwicklung und Lernbereitschaft des kleinen Kindes Ansätze bieten, Fähigkeiten in den ersten Lebensjahren so zu unterstützen, dass das Kind in seinen stark machenden Kompetenzen wie Belastbarkeit, Durchhaltevermögen oder Anstrengungsbereitschaft aktiv bleibt und sich lustvoll erprobt.

Die pädagogische Forschung befasst sich seit Jahren mit der Frage, wie Kinder für ihre Zukunft gestärkt werden können und wie ihre Lernfähigkeit unterstützt werden kann. In Elternratgebern wird diese stark machende Pädagogik vorrangig auf die Bewältigung von schwierigen Entwicklungsphasen während der späteren Kindheit und dem Jugendalter bezogen, etwa Kinder für die Pubertät zu stärken, um ihnen zu helfen nicht in Depressionen, Resignation, Betäubung durch Drogen oder in gewalttätiges Verhalten abzugleiten. In dem vorliegenden Buch geht es darum, die stark machende Erziehung auf die Bewältigung der Zukunft insgesamt zu beziehen. Das Buch soll vor allem dazu verhelfen, Kinder auf die Gestaltung ihres Lebens als Erwachsene vorzubereiten und auf das Meistern von Hürden im Zusammenhang mit individuellen und globalen Herausforderungen.

Im ersten Kapitel dieses Buches wird stark machendes Erziehungsverhalten allgemein umrissen und verdeutlicht. Dabei wird begründet, dass Kinder, um stark zu werden, auch starke, zielstrebige Eltern und starke berufliche Pädagogen benötigen. Im weiteren Verlauf des Buches wird in einzelnen Entwicklungs- und Erziehungsbereichen wie Sinneswahrnehmung, Bewegung, Spiel oder Gruppenfähigkeit konkretisiert, wie die Entwicklung von Stärke, lebenslanger Lernbereitschaft und verantwortlicher Gemeinschaftsfähigkeit in den ersten etwa sechs Lebensjahren eines Kindes unterstützt werden kann. Das letzte Kapitel betont die Bedeutung der Erziehung für die global-gesellschaftliche Gestaltung der Zukunft.

Die einzelnen Kapitel und deren Abschnitte sind so gegliedert, dass sie weitgehend unabhängig von anderen Teilen verstanden werden können, vorausgesetzt, das erste Kapitel mit der grundlegenden pädagogischen Richtungsdarstellung ist bekannt. Dadurch entstehen hin und wieder leichte Wiederholungen. Hinweise auf Kapitel, die einen pädagogischen Gedanken vertiefen oder erweitern, sind in Klammern angegeben und zeigen Verbindungen zu anderen Entwicklungsbereichen auf.

Das Buch wendet sich vorrangig an Eltern. Den Einrichtungen der Tagesbetreuung bietet es neben der inhaltlichen Hilfe bei Themen der Elternzusammenarbeit aber auch Grundlagen für stark machende Erziehungseinflüsse in der Tageseinrichtung, und zwar sowohl in der Krippe als auch im Kindergarten. Wenn im Buch bestärkendes pädagogisches Elternverhalten dargestellt und begründet wird, sind deshalb Pädagogen in Tageseinrichtungen und Tagesmütter ebenfalls gemeint. Da in den Tageseinrichtungen vorrangig Erzieherinnen arbeiten, wird weitgehend die weibliche Form – Erzieherin – verwendet. Selbstverständlich ist immer auch der Erzieher gemeint. Ebenso umfasst eine männliche Bezeichnung auch die Frauen.

Schlangenbad, im November 2011 Freya Pausewang

1 Um stark zu werden, brauchen Kinder starke Eltern und starke Pädagogen in den Tageseinrichtungen

Das Buch befasst sich zunächst mit *grundlegendem* pädagogischem Vorgehen, das dazu beiträgt, Kinder stark zu machen. Eltern und berufliche Pädagogen, die davon ausgehen, dass Kinder mit Hürden in ihrer Zukunft zu rechnen haben und dass die Zukunft globales Denken und globale Verantwortlichkeit von den Menschen verlangen wird, müssen selbst Stärke entwickeln, um gegen gesellschaftliche Einflüsse Widerstand zu leisten. Kinder brauchen ein angemessenes Vorbild und überzeugende Bestärkung, um ihre naturgegebene Anstrengungs- und Lernbereitschaft einzusetzen und zu entwickeln.

1.1 Sorgen um die Zukunft der Kinder

Eltern sind besorgt um die Zukunft ihres Kindes: Wird es die Hürden im Laufe seiner Entwicklung meistern? Wird es die Schulausbildung mit guten Ergebnissen abschließen, die Klippen der Pubertät bewältigen, eine ihm entsprechende Berufsausbildung einschlagen können und durchhalten, einen Arbeitsplatz und ein gesichertes Einkommen erreichen und ein zufriedenstellendes Familienleben aufbauen können?

Zu diesen individuellen Herausforderungen und Klippen kommen die globalen Probleme: Eltern fragen sich, was die bereits bestehenden und die drohenden Krisen für die nächsten Generationen bedeuten werden: die bisher keineswegs bewältigte Finanzkrise, die Klimakrise mit zunehmend fatalen Folgen, der Umgang mit den knapper werdenden Ressourcen und die damit verbundene Gefahr von Kriegen. Die Zukunft wird Änderungen des Lebensstils von den Menschen verlangen, denn viele Ressourcen gehen in absehbarer Zeit zu Ende. Emissionen in Luft, Wasser und Erde müssen reduziert werden, weil das Klima sich durch die Lebensweise gefährlich verändert und bisher fruchtbare Teile des Planeten drohen, unbewohnbar zu werden. Deutlich wird auch, dass die technische Entwicklung allein diese zunehmenden Probleme nicht lösen kann. Ein Leben, wie es in den Industrieländern zurzeit geführt wird, ist für die globale Bevölkerung nicht möglich. Die Bewohner der Industrieländer müssen solidarisches Denken und Handeln intensivieren und globalisieren, das heißt, sie dürfen solidarische Ethik nicht nur auf die eigene Nation beschränken, sondern müssen sie auf globale Dimensionen erweitern. Die zunehmende Ungerechtigkeit zwischen Völkern und innerhalb von Völkern stößt – berechtigt – auf wachsenden Widerstand. Edgar Morin, ehemaliger Präsident der Europäischen Agentur für Kultur der UNESCO, verlangt eine Globalisierung des Verstehens: »Die einzig wahre Globalisierung, die im Dienste der menschlichen Gattung stände, wäre die des Verstehens, der intellektuellen und moralischen Solidarität der Menschheit. Die Kulturen müssen voneinander lernen, und die stolze abendländische Kultur, die als lehrende Kultur auftritt, muss auch eine lernende Kultur werden. Verstehen heißt auch, ohne Unterlass lernen und wieder-lernen.« (Morin 2001, S. 126).

1.2 Umgang mit dem Widerspruch zwischen gesellschaftlichen Einflüssen und zukunftsorientierten Erziehungszielen

Das heutige gesellschaftliche Leben ist von hohem Konsum geprägt. Materielle Wünsche werden schnell befriedigt und versprechen (vorübergehendes) Glücklichsein. Damit sind ein hohes Wegwerfverhalten und niedrige Wertschätzung von Dingen und Natur verbunden. Diese gesellschaftliche Haltung und die entsprechende Wirtschaftsweise widersprechen einem nachhaltigen und global solidarischen Lebensstil mit entsprechenden Erziehungszielen. Der gesellschaftliche Trend kann Eltern zu Verwöhnung veranlassen und stark machende Erziehungsbemühungen schwächen. Konflikte zwischen gesellschaftlichen Einflüssen und den eigenen Erziehungszielen erschweren die familiäre Erziehung, etwa wenn das

Kind wie seine Spielkameraden den neuesten Stand bei Kleidung oder Spielmaterial besitzen will. Die meisten Kinder erleben eine gesellschaftliche Werthaltung, die nach wie vor konsumbetontes Wachstum mit zunehmendem Verbrauch von Ressourcen als wünschenswert ansieht und Glücksgefühle über hohen Konsum verspricht. Eltern wollen Kinder glücklich machen und sie mit Spielkameraden und Freunden gleichstellen. So erfüllen sie die Wünsche ihrer Kinder, und das möglichst ohne lange Wartezeit. Verwöhnte Kinder sind aber keine starken Kinder. Kinder brauchen auch nicht den Überfluss, um glücklich zu sein. Innere Werte bedeuten ihnen mehr als äußerer Besitz. Erst im Vergleich mit Gleichaltrigen wird dem Kind ein »Mangel« an Besitz bewusst. Dann kann es ungenügende Anerkennung in seiner Peergruppe und geschwächtes Zugehörigkeits- und Sicherheitsgefühl empfinden. Diese Abwertung und das entsprechende Minderwertigkeitsgefühl ihres Kindes können auch konsum*kritische* Eltern veranlassen, materielle Wünsche ihrer Kinder entgegen ihrer eigenen Überzeugung zu erfüllen.

Eltern wissen, dass auf ihre Kinder keine leichte Zukunft zukommen wird und dass nach dem heutigen Stand des gesellschaftlichen Lebens der Konkurrenzkampf um einen gesicherten Arbeitsplatz und ein entsprechendes Einkommen spätestens mit dem ersten Schultag beginnen wird. Deshalb wollen sie ihren Kindern wenigstens in den ersten Jahren ein glückliches Leben ermöglichen. Schnelle Wunschbefriedigung der Kinder wird auch aus dieser Sicht von vielen Eltern erfüllt und fällt im gesellschaftlichen Trend überhaupt nicht auf, sondern wird zur Selbstverständlichkeit. Eine grundsätzlich schnelle Wunschbefriedigung schwächt aber Anstrengungsbereitschaft und Durchhaltevermögen. Viele Eltern scheuen zudem oft den Kampf mit ihren Kindern, die bereits im Kindergartenalter die gleichen Ansprüche stellen, die sie bei ihren Spielkameraden erleben, zumal die Anschaffung der gewünschten Materialien erschwinglich ist.

Ein anderer Grund für abnehmende Anstrengungsbereitschaft liegt vor, wenn Eltern und andere Erwachsene den Kindern schwierige Herausforderungen abnehmen und sie schnell zu zufriedenstellenden Leistungsergebnissen führen. Das ist z.B. der Fall, wenn sie dem Kind vorschnell zeigen, wie Spielmaterial zu handhaben ist, wenn sie bereits ein neues Spielzeug anbieten sobald die Spiellust mit dem bisherigen Material nur ein wenig nachzulassen scheint, oder wenn sie das Kind sofort auf den Arm nehmen, wenn der Weg anstrengend wird. Mit solchen

Erleichterungen schwächen sie die Initiative und Durchhaltekraft des Kindes. Ihm zunächst Mut zuzusprechen und Durchhaltevermögen herauszufordern, würde das Kind dagegen stärken. Es gewöhnt sich sonst ab, Lösungen selbst zu suchen und die Grenzen seiner Fähigkeiten und seine Ausdauer zu erproben und zu erweitern. Auch in diesem Zusammenhang müssen Eltern gegen gesellschaftliche Einflüsse angehen. Anstrengungsbereitschaft wird zwar in schulischem Lernzusammenhang oder etwa im gesellschaftlich anerkannten Sport als wünschenswert angesehen, körperliche Anstrengung oder vermeidbare Beschwerlichkeiten im Alltag haben gesellschaftlich aber keine positive Anerkennung. Körperliche Arbeit und Fußwege werden in breiten Kreisen als Armutszeichen gewertet und wenn möglich vermieden. Aber gerade an körperlicher Betätigung erlebt und erprobt das Kind seine Zielstrebigkeit und sein Durchhaltevermögen und erweitert seine Belastungsfähigkeit.

Die breite Werbung treibt den Konsum nicht nur für Erwachsene, sondern auch für Kinder an, und zwar sowohl den materiellen Konsum wie Spielzeug, spielerisches Lernmaterial und Kleidung, als auch den Konsum von Dienstleistungen, etwa motivierende Computer-Spielprogramme oder animierende Programme auf Freizeitplätzen. Dadurch erfinden viele Kinder ihre Tagesgestaltung und ihr Spiel kaum noch selbst und entwickeln wenig eigene Initiative. Sie verlassen sich auf die Vorgaben von Erwachsenen und der Spielzeug herstellenden Industrie. In diesem Trend messen Kinder ihren eigenen Wert schnell an ihrem Besitz und am materiellen Anspruch anstatt an ihrer Persönlichkeit und ihrem Handeln.

Um Kinder nicht materiell verwöhnend zu erziehen und um Leistungsbereitschaft und Ausdauer zu unterstützen, müssen Erwachsene deshalb ein kritisches Verhalten gegenüber gesellschaftlichen Einflüssen entwickeln und entsprechende Stärke im familiären Alltag umsetzen und selbst leben, denn ohne echte Vorbildhaltung können sie Kinder nicht überzeugen. Im Gegenteil, sie würden ihre Kinder verunsichern, weil Anspruch und Vorbild auseinanderklaffen. Allerdings ist ein solches Verhalten nicht leicht, weil die Erwachsenen sich nur schwer vom gesellschaftlichen Einfluss frei machen können. Jakob von Uexküll, Gründer des alternativen Nobelpreises, sagt in seinem Buch »Das sind wir unseren Kindern schuldig«, dass Eltern Rebellen sein müssten, um die Kraft aufzubringen, ihre

Kinder im ständigen Widerspruch zur herrschenden Weltanschauung zu erziehen. Das seien aber nur wenige. Aber, argumentiert Uexküll: »Zum Glück bewerten die meisten Menschen viele Ecksteine eines guten Lebens – wie Mitgefühl, Freundschaft, Gerechtigkeit, Teilnahme, eine saubere Umwelt, stabile Gemeinschaften, Kultur, Großzügigkeit und gute Arbeit – höher als eine möglichst große Auswahl von Konsumgütern.« (Uexküll 2007, S. 42 f.).

1.3 Grundlegendes pädagogisches Verhalten, um Kinder in ihrer Entwicklung zu stärken

Für die Entwicklung von Stärke benötigt das Kind entsprechende Bedingungen in seinem Umfeld. Dazu gehören vor allem:

- stabile Bindungen zu einfühlsamen und liebevollen Bezugspersonen,
- hohes Zutrauen des Erwachsenen in die Fähigkeiten des Kindes,
- Unterstützung der Stärken des Kindes,
- Bestärkung beim Aufbau von Zielstrebigkeit und Durchhaltevermögen,
- die Lenkung durch eine einfühlsame, aber klare Autorität, die dem Kind Sicherheit bietet und Richtung für seinen Aufbau von ethischen Werten weist.

Einfühlsame und stärkende Beziehungen

Die ersten Lebensjahre geben den größten Ausschlag für das Sicherheits- und Selbstwertgefühl im Leben des Menschen. Der Säugling braucht Bezugspersonen, die einfühlsam seine Bedürfnisse wahrnehmen und verlässlich liebevoll beantworten, damit das Kind sich auf den Schutz und die durch nichts zu erschütternde Liebe von Seiten der Erwachsenen verlassen kann. Damit ist allerdings keine Überversorgung gemeint. Wenn unsere Erwartungen und Anforderungen an das Kind so gestellt werden, dass sie leicht über dem liegen, was wir ihm mit Selbstverständlichkeit zutrauen, wird es herausgefordert und dazu angeregt, sich anzustrengen.

Im Spiegel des Gegenübers nimmt das Kind sich selbst wahr. Wenn die Bezugsperson Zutrauen signalisiert, wird das Kind mutig. Wenn sie ihm dagegen Anstrengungen vorschnell abnimmt, spürt das Kind, dass sie ihm die Leistung nicht zutraut oder ihm die Anstrengung erleichtern will. Es wird möglicherweise vorsichtig und ängstlich. Vielleicht erhöht es auch seine Erwartungshaltung, um noch mehr Hilfe zu bekommen. Bei einer einfühlsamen und bestärkenden Reaktion der Bezugsperson kann das Kind vertrauensvoll sich selbst und die Welt, der es begegnet, erforschen. Bei Misserfolgen erfährt es Verständnis und Ermutigung. Es weiß sich anerkannt, wertgeschätzt und gehalten, wenn es sich mit seinen wachsenden Fähigkeiten erprobt, seine Grenzen austastet und die Teilhabe an seiner Welt erweitert. Der Erwachsene regt es zu neuen Auseinandersetzungen an und bestärkt seine Zielstrebigkeit. Glückliche Kindheit entsteht nicht durch die Menge der Dinge, die das Kind besitzt, sondern vor allem durch die stabilen und verlässlich liebevollen Beziehungen, die es erlebt, durch die spannenden vielseitigen Lernerfolge, die es erringt, und die aufbauenden Rückmeldungen von Seiten der erwachsenen Bezugspersonen.

Grenzen, die das Kind von seinen Bezugspersonen erfährt, beeinträchtigen die Beziehung nicht, wenn sie von den Erwachsenen so gesetzt und vermittelt werden, dass das Kind den Schutz und die Liebe dahinter spürt. Das Kind empfindet die Grenzen dann wie ein Geländer, das Sicherheit bietet und klarstellt, wie weit es gefahrlos auf die Welt zugehen und seine eigenen Fähigkeiten ausprobieren kann. Nach evtl. Konflikten, die zunächst durch Grenzen entstehen können, gehen die Bezugspersonen wieder auf das Kind zu und sorgen dafür, dass es sich angenommen fühlt. Dazu gehört auch eine angemessene Entschuldigung, wenn die Bezugsperson im Stress übermäßig reagiert hat und das Kind sich verlassen und einsam fühlte oder noch fühlt.

Hohes Zutrauen in die Entwicklungsstärke des Kindes

Die psychologisch-pädagogische Erforschung des Verhaltens von Säuglingen in den letzten Jahren und Jahrzehnten hat den Blick auf die hohe Lernfähigkeit des Säuglings und Kleinkindes gelenkt. Nach heutigen psychologisch-pädagogischen Erkenntnissen ist das Kind bereits ab der Geburt überaus lernfähig. Das Bild vom noch schwach entwickelten Säugling hat sich grundlegend gewandelt. Das neugeborene Kind ist weit kompetenter und lernfähiger als noch vor wenigen Jahren angenommen wurde. Kinder sind keine defizitären Wesen, die nur lernen können, was der Erwachsene ihnen vermittelt. Sie kommen bildungsfähig auf die

Welt. Sie erforschen von Anfang an mit hoher Motivation und großem Lustgefühl ihre Umwelt und sich selbst, das heißt, sie bilden sich selbst. Der Erwachsene hat aber wichtige Aufgaben: Er bietet dem Kind die Sicherheit für seine Entdeckung der Welt und für seine Teilhabe an der Welt. Er gestaltet die Umgebung, in der sich das Kind sein Bild der Welt aneignet und er regt das Kind zur Auseinandersetzung an, indem er ihm vielseitige Erfahrungen ermöglicht, es zu neuem Entdecken motiviert und sein forschendes und lernendes Handeln bestärkt.

Das hohe Lernbedürfnis des kleinen Kindes gehört zu seinem naturgegebenen Entwicklungsprozess. Mit erstaunlicher Anstrengungsbereitschaft und Ausdauer wiederholt es seine Lernprozesse, etwa das Greifen, das Krabbeln, das Erzeugen von Geräuschen oder das Untersuchen von Materialien wie Wasser, Sand oder den rollenden Ball. Die Sinnesorgane sind das Tor zur Welt und sind bei der Geburt funktionsfähig. Allerdings werden sie in den ersten Wochen und Monaten weiter ausgebildet und vernetzt. Deshalb sind die ersten Monate für die Entwicklung der Wahrnehmungs- und der Lernfähigkeit sehr wichtig. Das kleine Kind ist auch überaus bewegungsaktiv. Wenn es allerdings von Bewegung abgelenkt und nicht bei seinen bewegungsreichen Tätigkeiten bestärkt wird, lässt seine körperliche Anstrengungsbereitschaft nach.

Handlungen, die wir dem Kind zutrauen, sollten wir ihm auch oft zumuten. (In der heutigen Pädagogik hat das Wort »zumuten« nicht die umgangssprachliche Bedeutung einer überfordernden oder unfairen Erwartung, sondern meint einen Handlungsauftrag, der herausfordert und zum Meistern von Hürden anregt.) Eltern und auch Berufspädagogen fühlen sich oft selbst stark und hilfsbereit, wenn sie dem Kind Anstrengungen abnehmen und Lernwege zeigen. Im Wohlgefühl des eigenen Leistungsvorsprungs und des Vorzeigen-Könnens übersehen sie schnell, dass sie damit dem Kind das Starksein und eigene Erfolge nehmen. Starke Kinder wehren sich häufig dagegen und protestieren, wenn ihnen die Lösungssuche weggenommen wird. Sie äußern Wut oder – wenn sie bereits sprechen können – rufen »Ich! Ich!«, wenn sie die Handlung nicht selbst tun dürfen. Erst wenn das Kind allein die Lösung nicht finden kann oder auf dem Weg dorthin resigniert, oder auch wenn mehrere schlussfolgernde Lösungsschritte für den Lösungsweg notwendig sind, ist es sinnvoll, ihm das zum Ziel führende Vorgehen zu zeigen, etwa die richtige Handhabung eines Handwerkzeugs wie Schere,

Messer oder Besen, geschicktes Vorgehen beim selbstständigen Anziehen oder vielleicht auch den Umgang mit schwer durchschaubarem neuem Spielmaterial. Es wäre aber schade, dem Kind die Möglichkeiten von Lösungssuche und Erfolgserlebnissen bei leicht erkennbaren Lernprozessen vorschnell durch Vorzeigen zu reduzieren und ihm häufiger als nötig zu vermitteln, dass es »Fachleute« für die Lösung von Problemen benötigt. Selbstlernen bedeutet mehr als Nachmachen.

Beispiele:

- Alina, bald drei Jahre, hat einen Bausatz von ineinander steckbaren Würfeln bekommen. Sie nimmt die Würfel auseinander und will sie wieder ineinander schichten. Sie probiert aus und schafft nicht mehr, als zwei Würfel ineinander zu stecken. Erst als die Mutter sieht, dass Alina offensichtlich ratlos zu ihr schaut, reicht sie ihr die passenden Würfel zu.
- Mirco, sechs Jahre, hat sich Gras von einem Spaziergang mitgebracht. Er holt sich ein Brettchen und ein Küchenmesser, um das Gras klein zu schneiden und bittet um ein leeres Marmeladenglas mit Deckel. Er will ausprobieren, was passiert, wenn er das geschnittene Gras in Wasser einweicht. Einfühlsame Eltern werden nicht ihre Lösung vorwegnehmen und sagen, dass das nur eine faulige »Soße« geben wird, sondern lassen das Kind das Glas auf den Balkon stellen. Dass sich das Wasser nach drei Tagen leicht grün gefärbt und wenig Geruch erzeugt hat, ist vielleicht auch für sie eine Überraschung.

Der Blick des Erwachsenen auf die Stärken des Kindes

Eine Richtung, die sich in pädagogischen Fachkreisen in den letzten Jahren durchgesetzt hat, ist das sogenannte ressourcenorientierte Vorgehen. Es bedeutet, dass der Erwachsene zuerst die Fähigkeiten (die Kompetenzen oder Ressourcen) des Kindes in den Blick nimmt und bestärkt, bevor er Schwächen ernst nimmt. Die Defizite beachtet er erst später, wenn überhaupt. Wenn das Kind dort, wo es Stärken hat, Neues lernt, wird es Erfolge erreichen. Auch der Erwachsene lernt dort am besten, wo er Erfolge verbuchen kann und wo das Lernen Spaß macht. In positiver Stimmung blühen die Fähigkeiten des Menschen richtig auf, auch die des Kindes. Wenn das Kind bei seinen *Erfolgen* Rückmeldung erhält, ist die Reaktion des Erwachsenen positiv und bestärkend. Das Kind nimmt seine Fortschritte wahr und strengt sich mit hoher Leistungsfreude an, weiterzukommen. Die Lernfreude bleibt erhalten. Was mit positiven Gefühlen beim Lernen verbunden war, bleibt auch besser haften.

Der Blick auf die Defizite macht dem Kind dagegen Schwächen bewusst. Das Kind wird nicht nur in seinem Selbstwertgefühl und in seiner Lernmotivation gedrückt, es soll sich zudem gerade dort anstrengen, wo es kaum oder nur mühsam Fortschritte erzielt. Dadurch ist sein Lernen nicht oder nur wenig lustbetont. Lernfreude und Selbstwertgefühl sacken ab und die Auseinandersetzung und die Lernbemühung werden zur Last.

Ein Kind lässt sich von Handlungen anderer Kinder anregen. Es will mitmachen und imitiert, was es bei anderen sieht und strengt sich an. Allerdings bestärken häufige Vergleiche mit den Fähigkeiten von altersgleichen Kindern das Kind im Gegensatz zur Annahme vieler Erwachsener nur in seltenen Fällen. Vergleiche betonen nicht seine Einmaligkeit und seine Individualität. Wenn ihm Schwächen im Vergleich zu Altersgleichen oder Geschwistern vermittelt werden, erhält es zugleich die Botschaft, seine defizitären Bereiche zu trainieren, um gleichwertig zu sein. Es wird in seinem Selbstwertgefühl gedrückt und es wird aufgefordert, sich mit seinen Defiziten auseinandersetzen. Deshalb: Häufige Vergleiche tragen in seltenen Fällen zur Stabilität im Persönlichkeitsaufbau bei.

Der Mensch hat heute mehr denn je bis an sein Lebensende zu lernen. Wenn Lernen mit Lust und Freude verbunden ist, lernt das Kind nicht nur leichter, sondern es behält eine höhere Motivation zum Lernen und bleibt geistig und körperlich beweglicher und lernbereiter. Auch deshalb ist es so überaus wichtig, dass das Lernen den Kindern Freude bringt und ihnen glücklich machende Erfolgserlebnisse vermittelt. Gefühle, die das Kind aus seiner Kindheit ins Leben mitnimmt, sitzen tief, sowohl die beglückenden als auch die frustrierenden Gefühle, auch wenn die Anlässe und Geschehnisse für diese Gefühle später nicht mehr erinnert werden können.

Was ist dann aber mit den Defiziten?

Bleiben wir zunächst bei der Frühpädagogik bis zum Schuleintritt: Es ist unwichtig, ob das Kind zuerst Laufen oder Sprechen lernt oder auch ob dies früh oder später gelingt. Das Kind holt bei einer unbeschwerten Entwicklung seine evtl. Lücken zu einer anderen Zeit problemlos von selbst auf (vorausgesetzt, es liegt keine körperliche Ursache vor wie etwa eine Seh- oder Hörstörung, eine schwächende Krankheit oder ein psychisches Problem). Auch wenn das Kind einen bestimmten Entwicklungsbereich eine Zeitlang links liegen lässt, etwa nicht malt oder sich nicht für Mengenunterschiede interessiert, ist das kein Grund zur Besorgnis. Natürlich muss geprüft werden, ob das Kind Anregungen in diesem Bereich erhält. Wenn Defizite auffallen, ist deshalb zunächst nur nachzuforschen, ob das Kind entsprechende Anregungen erfährt und ob es die Möglichkeit hat, sie aufzugreifen. Ob es sie dann aufgreift oder nicht, sollte weitgehend seine eigene Entscheidung sein.

Beispiele:

- Sind Malstifte und Papier vorhanden und erhält das Kind – etwa durch Vorbilder – Anregungen zum Malen? Erlebt das fünfjährige Kind Situationen, die einen Mengenvergleich bedeutsam machen, z.B. den Kuchen in ausreichende Stücke zu schneiden oder die nötige Anzahl von Besteck aus der Schublade zu holen?
- Wird mit dem Kind, das wenig oder fehlerhaft spricht, genügend gesprochen und wecken die Menschen in seiner Umwelt sein Bedürfnis, etwas mitzuteilen?
- Erlebt das Kind, dass die Menschen in seinem Umfeld ein natürliches Verhältnis zum Essen haben oder sind sie wählerisch und vermitteln dem Kind deshalb ein einseitiges Vorbild?
- Wird das Bewegungsinteresse des Kindes angeregt, bestärkt und unterstützt oder wird das Kind besorgt behütet und vor körperlicher Anstrengung geschützt, vielleicht mit bewegungsarmem Spielmaterial von seiner naturgegebenen Bewegungslust abgelenkt?

Nur bei ausgesprochen auffälligen Defiziten muss überprüft werden, ob Fehlentwicklungen vorliegen könnten, die vielleicht ihre Ursachen in ungünstigen Umwelt- und Erziehungseinflüssen haben: Entwicklungsverzögerungen können z.B. ihre Ursache in dem nicht bewussten Wunsch des Kindes haben, klein und beschützt zu bleiben. Dafür darf keineswegs nur eine harte Erziehung als Grund gesehen werden, sondern z.B. auch die Angst des Kindes vor der großen, weiten und gefährlichen Welt, die das Kind aus liebevoller elterlicher Überbehütung entwickelt hat.

An weniger heftigen Defiziten muss erst im Schulalter angesetzt werden (notfalls im letzten Kindergartenjahr, weil das Schulsystem das verlangt), etwa sich mit Mengenvergleichen auseinanderzusetzen oder sich auf vorgegebene Aufgaben zu konzentrieren. Bei lernmotivierten und leistungsbereiten Kindern sind solche Defizite aber selten. In jedem Fall wirken dann nicht die negativen, sondern positive Rückmeldungen stärkend, nämlich der Blick auf seine Fortschritte. Erfolge – nicht die Misserfolge – wirken in der Regel aufbauend und stabilisierend. Es ist deshalb immer von Vorteil, dem Kind die Fortschritte bewusst zu machen, damit es sie wahrnimmt und sich daran freut. Dabei ist es – ich wiederhole mich – aufbauender, Fortschritte von der eigenen Entwicklung abzuleiten, etwa: »Letzte Woche hast du das noch nicht gekonnt. Du kommst gut voran!« und nicht in konkurrierendem Vergleich mit anderen Kindern.

Stärke durch Lernlust, Zielstrebigkeit und Ausdauer

Durch die gesellschaftlichen Einflüsse hat sich – wie bereits betont – in breiten Kreisen in den letzten Jahrzehnten ein Erziehungsverhalten entwickelt, das dem Kind einen großen Raum für schnelle Wunschbefriedigung zubilligt. Eltern meinen oft: »Kinder haben sich für die Schulbildung, die sie zur Bewältigung ihrer schwierigen Zukunft erreichen müssen, schon genügend anzustrengen. Dann sollen sie es wenigstens in der frühen Kindheit und auch in anderen Bereichen gut haben.« Anstrengungen werden den Kindern wenig abverlangt, das heißt, Anstrengungen werden als Belastungen gewertet. Die Leistungsfreude und die Erfolgserlebnisse, die durch Anstrengungen entstehen, werden oft völlig übersehen. Die Kinder übernehmen dann die Werthaltung der Eltern und sehen Anstrengungen auch als lustlos und als Belastung an, die – wenn möglich – zu vermeiden ist.

Der Soziologe Gerhard Schulze beschreibt die Lebensform in Deutschland (den Industrieländern) als Erlebnisgesellschaft. Er erklärt: »Im Fokus unserer zentralen Zieldefinition befindet sich niemand anderer als wir selbst. […] Eine riesige Konsumgüterindustrie ist entstanden, deren Artikel immer weniger unter dem Gesichtspunkt ihres objektiven Nutzens und immer mehr unter dem Gesichtspunkt ihres Erlebniswertes nachgefragt werden. […] Erlebnisorientierung ist die unmittelbare Form der Suche nach Glück. Als Handlungstypus entgegengesetzt ist das Handlungsmuster der aufgeschobenen Befriedigung, kennzeichnend etwa für das Sparen, das langfristige Liebeswerben, den zähen politischen Kampf, für vorbeugendes Verhalten aller Art. Bei Handlungen dieses Typus wird die Glückshoffnung in eine ferne Zukunft projiziert. Beim erlebnisorientierten Handeln richtet sich der Anspruch ohne Zeitverzögerung auf die aktuelle Handlungssituation. Man investiert Zeit und Geld, um eine bestimmte Wirkung in sich selbst zu erzeugen, und erwartet den Gegenwert auf der Stelle.« (Pongs 2004, S. 350 f.).

Diese gesellschaftliche Grundeinstellung überträgt sich auf das Familienleben und die Erziehung. Kinder haben heute im Allgemeinen eine hohe Erwartung, dass ihre Wünsche erfüllt werden, und zwar auch möglichst schnell. Eltern geben der Wunscherfüllung ihrer Kinder bewusst oder auch unbemerkt einen hohen Stellenwert. Auch Kinder sollen ebenso wie die Erwachsenen ihr Leben jetzt und gleich genießen dürfen. Bedürfnisaufschub ist in Familien selten ein Erziehungsziel. Eine Vorsorge für evtl. Not- oder Problemzeiten wird kaum vorgenommen. Kinder werden z.B. nur selten zum Sparen angehalten. Die Sicherheit des monatlichen Einkommens ist im letzten halben Jahrhundert zur Selbstverständlichkeit geworden. Dass das heute nicht mehr unbedingt so ist, hat sich im alltäglichen Bewusstsein der Bevölkerung kaum durchgesetzt und wird gesellschaftlich auch nicht gefördert, etwa wenn arbeitslos gewordene Menschen zuerst ihre Ersparnisse weitgehend verwenden müssen, bevor sie über Hartz IV unterstützt werden. Viele Kinder erleben deshalb nur selten einen langfristigen Einsatz für eine Wunschbefriedigung.

Diese selbstverständliche Wunschbefriedigung findet im Zusammenhang mit schulischer Bildung zum Teil ein Ende. Hier wird Leistung gefordert und zukunftsorientiert gelernt. So lange in den unteren Klassen noch verhältnismäßig spielerisch gelernt wird, fallen Leistungsprobleme weniger auf. Mit zunehmendem Alter nehmen dann häufig schulische Lernschwierigkeiten, Versagensängste, Verhaltensauffälligkeiten und Resignationen zu. Wenn Kinder in der frühen Kindheit ihre naturgegebene Anstrengungsbereitschaft wenig erprobt und eine hohe Anspruchshaltung entwickelt haben, ist zu befürchten, dass sie in Krisenzeiten nur schwerer die notwendige Anstrengung aufbringen und ohne Aussicht auf zeitnahen Erfolg schneller resignieren. Probleme entstehen dann häufig in der Pubertät oder später bei der Arbeitssuche und in anderen schwierigen Lebensphasen.

Sicherheit durch liebevolle und verlässliche Autorität

Vor einigen Jahren wurden in Elternratgebern und anderen öffentlichen Auseinandersetzungen zahlreiche Diskussionen im Zusammenhang mit Disziplin und Autorität in der Erziehung geführt. Bestsellerbücher wie »Lob der Disziplin« (Bernhard Bueb) und Forderungen zu konsequenter Elternautorität haben breit von sich Reden gemacht. In manchen dieser Bücher wird eine autoritäre Erziehung als wünschenswert beschrieben, die grundsätzlichen Gehorsam verlangt. Unkritischer Gehorsam führt das Kind aber nicht zu verantwortlicher Selbst- und Mitbestimmung.

Das Kind braucht nicht die Erfahrung einer rigorosen Autorität, sondern es braucht eine einfühlsame, begründete und liebevolle Lenkung mit einer eindeutigen Werteerziehung und einem angemessenen Vorbildverhalten. Kritische Eltern bemühen sich darum, einen ausgewogenen Weg zu finden zwischen einer zu weichen elterlichen Erziehung, die der schnellen Wunschbefriedigung des Kindes einen hohen Wert beimisst, und einer strengen autoritären Erziehung, die dem Kind eigene Verantwortung nimmt und die Unterordnung unter »kompetente« Menschen als Wegweiser ins Leben vermittelt. Bei diesem Mittelweg begegnet der Erwachsene dem Kind wertschätzend und einfühlsam, damit es selbst Einfühlung und Wertschätzung lernt und lebt. Der Erwachsene lebt eine Werthaltung vor und erwartet sie vom Kind, wobei er dem Kind aber wenn immer möglich einen Entscheidungsraum überlässt, der seiner Entwicklung entspricht und durch den es zu eigenem verantwortlichen Denken und Handeln finden kann. Zugleich wird der Erwachsene das Kind so leiten, dass es einen angemessenen Weg zwischen der Befriedigung eigener Wünsche und einer Ethik mit sozialer und nachhaltig ökologischer Verantwortung finden kann.

Beispiele:

- Bereits das zweijährige Kind kann dazu hingeführt werden, einem anderen Kind etwas abzugeben.
- Erwachsene achten darauf, dass Kinder Material nicht bedenkenlos verbrauchen, Pflanzen nicht mutwillig beschädigen und dass sie kleine Tiere wie Käfer und Würmer achtsam behandeln. Dagegen kann das Kind fröhlich die Fülle dort genießen, wo sie ohne Schaden genutzt werden kann: große Laubhaufen und Mengen von gesammelten Kastanien und Eicheln

im Herbst, den Schnee im Winter, Sand und Steine oder das Wasser im Schwimmbad im Sommer.

- Kinder haben das Recht angehört zu werden und mitzureden, müssen aber auch lernen, sich nicht in den Mittelpunkt zu drängen, nicht vorschnell zu unterbrechen, sondern angemessen abzuwarten.
- Erwachsene werden beachten, dass Grenzen, die sie gesetzt haben, von dem Kind in der Regel auch konsequent eingehalten werden. Wenn Erwachsene schnell weich werden, etwa durch das Quengeln und Betteln des Kindes, verlieren sie ihre Autorität. Sie vermitteln dem Kind, dass es schließlich erreicht, was es lange genug verlangt. Sie bestärken das Kind in der Ausdauer seiner Quengelei zur Wunschbefriedigung und nicht bei der Ausdauer seiner eigenen Handlungen und Problemlösungen.

1.4 Das resiliente Kind

In pädagogischen Fachkreisen wurde vor einigen Jahren danach geforscht, weshalb sich manche Kinder trotz widriger Lebensumstände überraschend positiv und kompetent entwickeln, so als könnten ihnen traumatische Erfahrungen, etwa Gewalterlebnisse, Migration, Armut oder Trennung der Eltern nur wenig anhaben, während andere Kinder bei gleichen Erlebnissen erhebliche Entwicklungsschäden davontragen. Diese Stärke der Kinder, das heißt ihre psychische Widerstandskraft, wird mit dem Begriff »Resilienz« (aus dem Englischen: Elastizität, Spannkraft) bezeichnet. Gemeint ist die Widerstandskraft des Kindes gegenüber frustrierenden und traumatisierenden Lebenssituationen.

Kinder mit einer hohen Resilienz sind in der Regel aktive Kinder mit einem gefestigten Selbstwertgefühl und auffallender Ichstärke. Sie zeigen gute soziale Fähigkeiten. Sie sind kontaktfreudig und kooperationsfähig. Meist haben sie eine optimistische und zuversichtliche Lebenseinstellung und sind anstrengungsbereit. In ihrer Familie erleben sie stabile Bindungen, ein wertschätzendes Klima und eine einfühlsame Kommunikation. Ihre Leistungsbereitschaft und ihre sozialen Kompetenzen werden bestärkt. Auch im weiteren sozialen Umfeld (Verwandte, Freunde, Erzieherinnen, Lehrerinnen) erfahren sie positive Vorbilder und werden wertgeschätzt. Resiliente Kinder sind starke Kinder. Sie empfinden Hürden als Herausforderung und scheuen sie nicht.

Wenn das Temperament eines Kindes auch zur Entwicklung von Resilienz beitragen kann, so ist die psychische Widerstandskraft doch keine anlagebedingte Fähigkeit, die ein Kind mitbringt. Über bindungssichere, wertschätzende und zur Anstrengung motivierende Erziehung tragen die erwachsenen Bezugspersonen zum Aufbau von Resilienz bei.

Resilienz bedeutet nicht eine absolute Stabilität gegenüber psychischen Verletzungen. Die Verletzbarkeit des Kindes kann sich ändern. Belastende Situationen reduzieren die Widerstandskraft. Beispielsweise kann ein Übergang in der Lebenssituation das Kind in seiner Resilienz schwächen, etwa die Geburt eines Geschwisterkindes, die Aufnahme in die Tageseinrichtung, Arbeitslosigkeit oder Trennung der Eltern, Umzug oder auch eine schwierige Entwicklungsphase in der Schulzeit, vor allem die Pubertät. Resilienz muss sich auch nicht auf sämtliche Entwicklungsbereiche gleichermaßen beziehen. Ein Kind kann z.B. mit schulischen Misserfolgen kompetent und mit innerer Stärke umgehen, etwa im sozialen Bereich dagegen leicht verletzbar sein. Zeiten, in denen sich in der Lebenssituation des Kindes etwas verändert, verlangen deshalb von den Eltern und anderen Bezugspersonen differenzierte Beobachtung und besondere Zuwendung, um dem Kind zu helfen, etwa wenn es sich durch die Veränderung ängstigt, wenn es Sicherheit verliert oder sich schuldig und für einen Missstand verantwortlich fühlt.

1.5 Kooperation zwischen Eltern und Berufspädagogen

Sowohl den Eltern als auch den Berufspädagogen ist es wichtig, dass die Kinder möglichst keinen Bruch und keine Widersprüche zwischen den beiden Lebensbereichen Familie und Tageseinrichtung erleben. Beide haben ihre eigenen Schwerpunkte in der Entwicklungsunterstützung und Förderung des Kindes, aber die pädagogische Richtung, das heißt die Werteerziehung sollte nicht zu stark auseinanderklaffen, damit das Kind eine Einheit der beiden Lebensbereiche erlebt. Natürlich wird es immer Regeln und Lebensformen geben, die sich unterscheiden. Wenn sie nicht in eine wesentlich unterschiedliche Werthaltung führen, kann das Kind damit aber problemlos umgehen und sich auf die jeweiligen Verhaltenserwartungen einstellen.

Beispiele:

- Im Kindergarten muss das Kind ein Spielmaterial aufräumen, bevor es sich ein nächstes holt, zu Hause geschieht das gesamte Aufräumen vielleicht erst am Abend oder die Erwachsenen sorgen dafür.
- Im Kindergarten bedienen sich die Kinder beim gemeinsamen Mittagessen selbst, zu Hause entscheidet vielleicht die Mutter, was und wie viel das Kind isst.
- Beim Einkauf oder Spaziergang mit einem Elternteil darf das Kind selbstständig auf dem Bürgersteig laufen, im Kindergarten müssen die Kinder in Reih und Glied gehen und dürfen sich erst in verkehrsfreien Gegenden frei bewegen, müssen allerdings auch dort strengere Regeln einhalten als beim Spaziergang mit einem Elternteil.
- In der Familie kann das Kind Nähe und Zärtlichkeit zu den Erwachsenen jederzeit erhalten, in der Einrichtung muss es auf die Ansprüche der anderen Kinder und das Gruppenprogramm Rücksicht nehmen.

Schwierig und irritierend werden die Unterschiede für das Kind erst dann, wenn die ethische und soziale Richtung sich erheblich unterscheidet. Aber auch dann gewöhnen sich die Kinder an die unterschiedlichen Regeln und passen sich an die jeweiligen Erwartungshaltungen an. Die kritische Auseinandersetzung mit den unterschiedlichen Richtungen erfolgt meist erst später, weil die Entwicklung von Moral und Ethik erst im Jugendalter entsteht (siehe Kapitel 7.2).

Beispiele:

- Im Kindergarten soll das Kind sparsam mit Material und schützend mit kleinen und unscheinbaren Tieren umgehen. Zu Hause ist Sparsamkeit vielleicht kein Thema, (etwa weil »man dieses bisschen Geld problemlos aufbringen kann und das Kind nicht in ›Armut‹ aufwachsen soll«). Auf kleine Tiere reagiert die Mutter möglicherweise mit Ekelgefühlen.
- Die Eltern legen großen Wert darauf, dass das Kind sich durchsetzt und für seine Rechte, vielleicht auch seine Vorteile, kämpft, in der Einrichtung wird die Balance in der Umsetzung von Rechten aller Gruppenmitglieder gesucht.

- In türkischen Familien wird oft ein ausgesprochener Unterschied im weiblichen und männlichen Rollenverständnis gelebt, in der Einrichtung wird von beiden Geschlechtern gleichberechtigtes Verhalten erwartet.

Wenn Eltern und Berufspädagogen sich ihre pädagogische Richtung transparent vermitteln und begründen, können Missverständnisse und Aufschaukelprozesse reduziert und gegenseitige Toleranz angebahnt werden. Einfühlsame Gespräche mit dem Kind über die unterschiedlichen Erwartungen und Verhaltensweisen können dazu beitragen, dass sich die Kinder leichter in beiden Bezugsgruppen anpassen und mit den verschiedenen Werterichtungen besser klarkommen.

Tageseinrichtungen haben in der Regel schriftlich formulierte Konzeptionen, die ihre pädagogische Richtung verdeutlichen. Vor oder bei der Anmeldung des Kindes werden diese Darstellungen den Eltern ausgehändigt, manchmal auch im Internet veröffentlicht, und es wird über die wesentliche Bildungsförderung in der Einrichtung gesprochen. Elternabende und Entwicklungsgespräche, die mindestens einmal jährlich stattfinden sollen, bieten weitere Möglichkeiten zu gegenseitiger Transparenz und zu Gesprächen über Entwicklungsziele der beiden Seiten sowie über Entwicklungsfortschritte des Kindes.

Probleme ergeben sich häufig im Zusammenhang mit sogenannter schulischer Vorbereitung. Entsprechend dem gesellschaftlichen Trend und der Flut von vorschulischen Trainings- und Übungsprogrammen erwarten Eltern häufig vom Kindergarten, ihre Kinder durch Übungsstunden mit Vorübungen für die Kulturtechniken auf die Schule vorzubereiten. Viele Einrichtungen sehen aber die persönlichkeitsfördernden und sozialen Fähigkeiten als wichtiger an, weil sie eindeutiger dazu beitragen, Selbstbewusstsein, Sozialkompetenz und Stärke zu fördern. Ein großer Teil der Erzieherinnen befürchtet in den zahlreich angebotenen häufig Konkurrenz steigernden Leistungsnachweisen Nachteile für die Entwicklung in der frühen Kindheit. Sie sehen es als wenig förderlich an, dass Kinder durch die vergleichbaren Ergebnisse Misserfolge einstecken müssen, dass sie Defizite aufholen sollen, anstatt freudig und lustvoll in ihren Stärken tätig zu sein, und dass sie durch diese Programme eben nicht in ihrer Persönlichkeit gestärkt, sondern nur in speziellen Funktionen geschult werden.

Die Pädagogik ist zudem keine Wissenschaft, in der wie in der Mathematik Erkenntnisse eindeutig und unumstößlich sind. Forschungen führen zu neuen Einsichten, pädagogische Überzeugungen ändern sich. Dazu kommen die schwierigen Gratwanderungen zwischen zu viel und zu wenig, etwa einer zu strengen oder einer zu nachgebenden Erziehung, zwischen überfordernden oder unterfordernden Erwartungen, zwischen überbehütender oder zu lascher Betreuung. Aus gleichen Situationen können deshalb unterschiedliche pädagogische Schlussfolgerungen gezogen werden, ohne dass ein Richtig oder Falsch eindeutige Klarheit bietet.

Beispiele:

- Kinder dürfen in der Tagesstätte beim Mittagessen Fleisch, Fisch, Pilze und ähnliche Speisen, die viele Kinder nicht gern essen, ablehnen. Wie entscheidet das Team bei Gemüse und Salaten?
- Erzieherin A lässt die Kinder beim Waldspaziergang auf Bäume klettern. Sie will allerdings vorher informiert werden, den Baum gezeigt bekommen und entscheiden, ob er geeignet ist. Erzieherin B empfindet die Verantwortung als zu hoch und lässt das Klettern nur unter Aufsicht bis zu ihrer Armhöhe zu, in der sie das Kind erreichen und herunterheben kann.
- Eine Mutter ist enttäuscht, weil die Kinder im Kindergarten ihrer Ansicht nach zu viel Zeit »nur mit Spielen« verbringen.

Bei Konfliktgesprächen zwischen Eltern und Berufspädagogen hilft es, wenn sich jeder die eigenen Gefühle bewusst macht, mit denen sie oder er in das Gespräch geht: Jeder will das Beste für das Kind. Wenn die Gesprächspartner sich bemühen, auch bei Konflikten mit den Erwachsenen den Blick auf Ressourcen des Gegenübers zu lenken und diese Wertschätzung »im Hinterkopf« behalten, werden Spannungen möglicherweise reduziert. Das Gesprächsklima gerät weniger in Gefahr, sich aufzuschaukeln, denn auch unter Erwachsenen gilt: Wenn man sich die Ressourcen des Partners bewusst macht, geht man eher mit einer wertschätzenden Grundhaltung in die Konfliktbearbeitung und kann Probleme konstruktiver bearbeiten.

2 Hinein in die Welt – Mit den Sinnen fängt es an

Wenn von den Sinnen die Rede ist, denkt man zunächst meist nur an fünf Sinne: Das Sehen, das Hören, das Riechen, das Schmecken und das Tasten. Es gibt aber noch weitere Sinne. Von besonderer Bedeutung für die Entwicklungsunterstützung des Kindes sind vor allem die Tiefensensibilität (Wahrnehmung von Bewegung, Körperlage und Kraft) und der Gleichgewichtssinn.

Das Kind ist vom ersten Tag seines Lebens an hoch motiviert, die Welt, die ihm begegnet, zu entdecken und die eigenen Fähigkeiten zu entwickeln und zu erweitern. Die Sinne sind das Tor zur Welt und zur Selbstwahrnehmung. Über sie erforscht und erkennt das Kind den Ausschnitt der Welt, den es erlebt, und versucht gestaltend an ihr teilzuhaben. Wahrnehmungen bestimmen unser Leben vom ersten Tag an. Sie prägen unser Selbstbild, unser Empfinden, Denken und Handeln. »Nichts ist im Verstand, was nicht vorher in den Sinnen war«, sagte schon John Locke im 17. Jahrhundert. Voller Wissbegierde und Wonne erschließt sich das Kind die Welt und konstruiert sich sein individuelles Weltbild.

Für eine optimale Entwicklung seines Welt- und Selbstbildes benötigt das Kind anregende Unterstützung, und zwar eine solche Unterstützung, die ihm hilft, langsam Zusammenhänge zu erkennen. Das Kind will seine Welt erkunden und verstehen, und das bereits im ersten Lebensjahr: Das Kleinkind sitzt beispielsweise in seinem Kinderstuhl und lässt seinen Löffel fallen. Versehentlich. Der Löffel ist verschwunden. Die Mutter kann ihn aber zurückbringen. Das muss jetzt wiederholt und erkundet werden. Nun wird der Löffel bewusst fallen gelassen. Und das nicht nur einmal. Das Kind wird zunächst noch nicht erkennen, weshalb die Mutter den Löffel wieder auf den Tisch legen kann, aber es wird neugierig werden, wie es sich mit dem Verschwinden und Wiedererscheinen von

Dingen verhält, etwa wenn ein Gegenstand zugedeckt und dann wieder sichtbar gemacht wird.

Der Tagesablauf eines Kleinkindes ist gefüllt von solch spielender Forschungstätigkeit. Eltern freuen sich an dieser Entdeckerfreude. Sie bestärken das Kind in seinem Forscherdrang, indem sie ihm ihre Freude zeigen, indem sie es aufmuntern und herausfordern, Neues auszuprobieren. Wenn sie dabei seine Bemühungen übermäßig erleichtern und seine Forschertätigkeit zu stark vorbereiten und lenken, reduziert das Kind seine Anstrengung. Es beendet möglicherweise seine Bemühungen, etwa einen verlockenden Gegenstand zu erreichen, und wendet sich etwas anderem zu oder es signalisiert mit Weinen oder Zorn, dass es Hilfe haben möchte. Erfolge werden aber wertvoller, wenn man sich für sie angestrengt hat. Zugleich bleibt durch selbst erreichte Erfolge die hohe Anstrengungsbereitschaft, die für das kleine Kind so typisch ist, länger wach und aktiv. Deshalb müssen die Betreuungspersonen einen angemessenen Weg finden zwischen zu viel und zu wenig Unterstützung.

Beispiele für die Welt- und Selbsterforschung des Kindes in seinen ersten Lebensjahren und für die Unterstützung von Seiten der Erwachsenen

- Die Mutter hat dem Säugling einen leichten, weichen, farbigen Gegenstand über sein Bett gehängt, und zwar so niedrig, dass das Kind ihn mit seinen Händen erreichen könnte. Das Kind verfolgt den Gegenstand zunächst mit seinem Blick, wenn er sich bewegt. Früher oder später wird es zufällig daran stoßen und irgendwann wird es beginnen, ihn gezielt zu bewegen.
- Der kleine Krabbler robbt mit großer Mühe auf einen bunten Beißring zu. Wenn die Mutter dem Kind den Beißring jetzt in die Hand gibt, braucht das Kind sich nicht mehr anzustrengen, um ihn zu erreichen. Wenn sie dagegen das Kind nur ermuntert und notfalls den Ring etwas näher legt, bleibt dem Kind die Anstrengungsbereitschaft und das Erfolgserlebnis erhalten, selbst sein Ziel erreichen zu können. Es braucht in diesem Fall niemanden, der ihm die Welt zubereitet und »leicht verdaubar« macht.
- Max erhält mit zwei Jahren einen Lastwagen mit Fernsteuerung. Lena erhält im gleichen Alter einen ähnlichen Lastwagen, allerdings ohne Fernsteuerung und zusätzlich ein Brett von ca. einem Meter Länge. Max macht

die Erfahrung, dass sich mit Knopfdrücken der Wagen vorwärts und mit einem anderen Druck rückwärts bewegt. Wenn das Gefährt an die Wand fährt, überschlägt es sich meist. Lena macht andere Erfahrungen: »Ich muss den Wagen schieben oder anstoßen, damit er sich bewegt. Bergab auf dem schräg gelegten Brett fährt er von selbst, aber er fällt oft herunter. Bergauf benötige ich mehr Kraft und ich darf ihn dann nicht loslassen, sonst fährt er rückwärts und fällt.« Einige Zeit später wird sie erfassen: »Ich muss den Wagen sehr gerade auf das Brett stellen, dann fällt er seltener. An der Wand bleibt er stehen.« Lena probiert ihre Erfahrungen viele Male aus, um sie zu prüfen und zu festigen. Max erkennt zwar, dass die Knöpfe unterschiedliche Bewegungen des Autos bewirken, er kann aber die Zusammenhänge zwischen Knopfdruck und Bewegung des Wagens und den Krafteinsatz nicht erkennen, auch dann nicht, wenn er versuchen würde, den Wagen auf einer schiefen Ebene zu steuern. Er übt lediglich die Zuordnung der Tasten für das Vor- und Rückwärtsfahren und seine Reaktionsfähigkeit, wenn ihm das mit zwei Jahren bereits reizvoll erscheint. Mit vier oder fünf Jahren, wenn das Kind die Erfahrung des eigenen Krafteinsatzes auf geraden und schiefen Ebenen bereits gemacht hat und die Batterie als Kraftquelle definieren kann, wären diese Erfahrungen der Entwicklung angemessener.

- Pedro und Emma, beide drei Jahre, springen in einer Spielstraße von der Stufe eines Treppenaufgangs. Sie stacheln sich gegenseitig an und freuen sich über ihre Leistungen. Beide sind überzeugt, dass sie weiter als der andere springen, ohne dabei ein Konkurrenzempfinden zu haben.
- Die Eltern gehen an einem warmen Sommertag mit Sophie, vier Jahre, durch Felder spazieren. Auf dem Weg gibt es große schlammige Pfützen. Was tun? Umkehren? Sophie an die Hand nehmen und um die Pfützen führen, sie tragen – oder sie Schuhe und Strümpfe ausziehen lassen und die Schlamm-Wahrnehmung machen lassen? Ein Kind, das freudig und forschend auf die Welt zugeht und neue Wahrnehmungen interessiert erprobt, wird die zuletzt angegebene Handlung lustvoll bevorzugen.
- Marie, sechs Jahre, hat wie schon öfter ihre gleichaltrige Freundin über Nacht eingeladen. Zum Schlafen ist das Zimmer an diesem heißen Sommertag drückend warm. Die Eltern schlagen vor, mit den Isomatten auf

dem Balkon zu schlafen. Die Kinder staunen, zögern, aber wollen dann doch die Spannung und das Risiko eingehen und ihre Angstgrenzen austasten. Der Blick in den Himmel und die ungewöhnliche Atmosphäre beim Einschlafen hat ihnen ein neuartiges und beeindruckendes Erlebnis sowie spannende Abenteuergefühle geboten. Dass der Untergrund härter als das Bett war, ist ihnen nicht aufgefallen.

2.1 Die Sinne sind das Tor zur Welt und zur Selbstwahrnehmung

Die Sinne sind bei der Geburt weitgehend entwickelt. Das neugeborene Kind kann z.B. hören, riechen, schmecken, es kann hell und dunkel unterscheiden und kann auf seiner Haut Druck und Temperatur empfinden. In den ersten Jahren werden die einzelnen Sinne entfaltet, differenziert und die unterschiedlichen Wahrnehmungen koordiniert. Auswahl, Verarbeitung, Einordnung und Bewertung der Sinneseindrücke werden geübt und gelernt. Die ersten Lebensjahre sind dafür grundlegend wichtig. Entwicklungsgemäß hat das Kind für jede Art von Wahrnehmung eine überaus hohe und lustvolle Wissbegierde, ein erstaunliches Forscherinteresse und eine unermüdliche Ausdauer. Um die Eindrücke möglichst ganzheitlich aufzunehmen und Zusammenhänge zu erkennen, muss es mehrere Sinne zur gleichen Zeit aktivieren können. Dafür braucht es eine entsprechend anregende und bestärkende Umwelt. Seine Leistungs- und Erfolgsfreude erhöht seine Lernbereitschaft und seine Lernfähigkeit, denn in guter Stimmung lernt der Mensch mehr und behält erlerntes Können nachhaltiger.

Nah- und Fernsinne

Man kann die Sinne in Nahsinne/Körpersinne und Fernsinne/Weltsinne gliedern. Fernsinne sind das Sehen, das Hören und das Riechen. Mit diesen Sinnen wird vorrangig die entfernte Umwelt wahrgenommen, während das Tasten, die Bewegungsempfindung, das Gleichgewicht und das Schmecken auf die Wahrnehmung aus direkter Nähe angewiesen sind. Zugleich vermitteln uns die Nahsinne deutlich unseren Körper: Berührung, Bewegungen, Krafteinsatz, die eigene Position im Raum, der Geschmack von Speisen. Bei diesen Wahrnehmungen muss der

Mensch aktiv werden und Initiative ergreifen: Er kann nur ertasten, was er berührt, seinen Krafteinsatz spüren oder seine Lage im Raum verändern, wenn er sich bewegt. Er kann nur schmecken, was er in den Mund nimmt.

Über die Fernsinne strömen ohne eigene Initiative viele Einflüsse zur gleichen Zeit auf den Menschen ein. Hier muss man bewerten und sich auf Ausschnitte konzentrieren. Man kann nicht alles zur gleichen Zeit ins Bewusstsein holen.

Beispiele:

- Wir sehen bei einem Spaziergang einen bekannten Menschen, der auf uns zukommt. Ausschnitte des Hintergrundes, die wir vielleicht eben noch aufmerksam betrachtet haben, sind für uns unwichtig geworden und dringen nicht mehr bis ins Bewusstsein. Wir hören, was dieser Mensch zu uns sagt und nehmen z.B. auch nicht mehr die Vogelstimmen wahr, denen wir gerade eben noch interessiert zugehört haben. Dagegen registrieren wir aber wahrscheinlich ein Fahrradklingeln, weil das in unserem Gehirn bereits mit »Achtung, wachsam sein!« gekoppelt ist, also in ein Bewertungssystem eingegliedert wurde.
- Das bekannte (scherzhafte?) Beispiel der unterschiedlichen Wahrnehmung von Indianern und den weißen Einwanderern beruht auf erlernter verschiedener Bewertung von Wahrnehmungen: Indianer nehmen das leise raschelnde Vorbeihuschen einer Eidechse wahr, das den Weißen nicht auffällt, während diese das ebenso leise Fallen einer Münze sofort registrieren.

Von einer Überfülle von Wahrnehmungen mit den Fernsinnen kann das kleine Kind überfordert werden. Es kann zwar die Augen schließen oder nur Teile seines Blickfeldes ins Bewusstsein holen, und es kann auch bei Lärm schlafen oder Geräusche links liegen lassen. Aber ständige aufdringliche Eindrücke können beunruhigen, ablenken, eigene Initiative einschränken und dadurch Welt- und Selbsterfahrung behindern.

Dagegen wird das Kind über die Nahsinne weniger überfordert, denn es ergreift die Initiative ja weitgehend selbst. Ob das Krabbelkind beispielsweise zu einem Gegenstand robbt oder ihn uninteressiert liegen lässt, weil es ermüdet ist, entscheidet es selbst. Die Geräusche und das vorbei fliegende Bild auf dem Bildschirm wirken auf das Kind, auch wenn es sie nicht bewusst beachtet. Dagegen kann die Anwesenheit der Mutter, die im Hintergrund eine Tätigkeit ausführt, beruhigend wirken und Sicherheit vermitteln. Das Kind spürt diese Sicherheit auch dann, wenn es sich auf sein Tun und nicht auf die Mutter konzentriert.

Kinder sind von neuen Wahrnehmungen und den entsprechenden eigenen Fähigkeiten, sie zu erzeugen, einzuordnen und zu bewerten, äußerst fasziniert und wiederholen die entsprechende Initiative mit Wonne. Erst wenn der Reiz des Neuen sich verloren hat, wenn das Kind die Erkenntnis verinnerlicht hat und die neu gewonnene Fähigkeit beherrscht, lässt sein Interesse nach. Das einjährige Kind zieht sich z.B. am Stuhlbein hoch und sieht seine Welt aus einer neuen Perspektive. Diese Erfahrung muss es später auch am Tischbein und am Sofa ausprobieren und mit weiteren Aktivitäten verbinden. Es macht Pausen, wenn es ermüdet, aber ergreift die Initiative erneut bis es sich bei dieser Wahrnehmung sicher fühlt. Das zweijährige Kind rollt einen Ball, gießt Wasser von einem Gefäß in ein anderes, schüttet Sand um, baut fasziniert einen Turm bis zum Umfallen oder zieht einen Gegenstand hinter sich her. Das sechsjährige Kind hat im Kindergarten z.B. gelernt, sich auf der Schaukel selbst Schwung zu geben. Es erprobt seine gewonnene Fähigkeit beim nächsten Spaziergang sofort wissbegierig und voller Wohlgefühl auf einer fremden Schaukel und will sein Können natürlich auch den Eltern zeigen.

Das wichtige Zusammenspiel der Sinne

Selten werden Eindrücke nur von einem einzelnen Sinn wahrgenommen. Die zeitgleiche Wahrnehmung eines Gegenstandes oder einer Situation durch mehrere Sinne kommt nicht nur dem kindlichen Bedürfnis entgegen, sondern ist auch Voraussetzung für ein ganzheitliches Erfassen der Realität: Eine Kugel, ein Ball oder ein Luftballon dürfen nicht nur gesehen, sondern müssen auch berührt, umfasst, gerollt, gestoßen (und dabei gehört), geworfen oder gehoben und fallen gelassen werden, um zu erkennen, was »rund« bedeutet, wie ein runder Gegenstand bewegt werden kann und was das Gewicht dabei ausmacht oder dass der Ball federt und der Luftballon vom Wind bewegt werden kann.

Sinneswahrnehmungen und körperliche Bewegung sind eng miteinander verbunden. Auf der einen Seite vermittelt jede Bewegung Sinneswahrnehmungen, nicht nur mit den Sinnen der Bewegung- und des Gleichgewichts, sondern auch zum Beispiel Veränderungen im Blickfeld (Sehen). Zum anderen wird das Kind bei vielen Wahrnehmungen dazu motiviert, sich zu bewegen. Durch die lustbetonten Wahrnehmungen des eigenen Könnens steigt die Motivation, sich zu bewegen und neue körperliche Fähigkeiten auszuprobieren: Das Kind greift, robbt, krabbelt, zieht sich hoch, steht, geht, zieht Dinge hinter sich her, hebt und schiebt, klettert auf alle möglichen Erhöhungen, steigt auf Stufen und springt herunter. Es freut sich an seinen Erfolgen und seinen Fortschritten und begibt sich hoch motiviert in ein neues Wagnis.

Abbildung 2.1: Mit allen Sinnen erforscht das Kind die Welt und erweitert mit hoher Leistungsfreude und Konzentration seine Fähigkeiten.

Wahrnehmungen regen den Menschen natürlich nicht nur zu körperlichen Aktivitäten an, sondern auch zu geistigen. Das Kind ordnet die Wahrnehmungen in sein bisheriges Erkenntnisfeld ein und erweitert sein Wissen, etwa den Krafteinsatz beim Schieben oder Heben unterschiedlicher Dinge, die Beschaffenheit und die Fähigkeiten von unterschiedlichen Materialien wie Sand und Wasser oder den Umgang mit verschiedenartigen rauen, glatten, kalten und warmen Oberflächen. Die Bedeutung der Sinne für kognitives (auf Erkenntnissen beruhendes) Denken macht uns die Sprache deutlich. Viele Begriffe für geistige Fähigkeiten haben ihre Wurzel in den Sinneswahrnehmungen. Wir sprechen z.B. vom Be*greifen*, wenn wir die entsprechende Denkfähigkeit meinen, vom Er*fassen*, dem Durch*schauen* und von der klaren *Sicht* der Dinge, vom Ver*stehen* (Gleichgewichtssinn), vom *Stand*ort (der Ort, wo ich stehe) und vom Ver*stand*. Wir sagen, jemand sei von allen *Sinnen*, wenn er verständnislos und un*begreiflich* handelt, oder sprechen von einer *sinn*losen oder un*sinnig*en Entscheidung, wenn sie unlogisch ist oder keinen Erfolg brachte.

Die hohe Lernfähigkeit des Kindes bei der Entdeckung der Welt und der Entwicklung eigener Kompetenzen

Zunächst nimmt der Säugling über Schauen und Hören Teile aus dem Ausschnitt der Welt wahr, den er erlebt. Sein interessiertes Schauen und Hören kann beobachtende Eltern begeistern. Sobald das Kind nicht nur den Kopf gezielt wenden und den Blick steuern kann, sondern auch anfängt, seine Hände bewusst zu bewegen, wird es mit seinen Nahsinnen aktiv. Es nimmt seine Bewegungen wahr und versucht sie zu steuern. Dabei muss es seinen Krafteinsatz einschätzen und trainieren, um sein Ziel zu erreichen, etwa ein Mobile anzustoßen, einen Gegenstand heranzuziehen oder bäuchlings den Kopf zu heben. Kinder erproben ihre körperlichen Fähigkeiten bis zur Belastungsgrenze und freuen sich über Erfolge, etwa beim Robben und Krabbeln, beim Stehen und Gehen. Dabei sind die Fern- und die Nahsinne gemeinsam in vollem Einsatz.

Kinder können sehr gut wahrnehmen, wann sie Ruhephasen benötigen. Säuglinge schlafen ein, wenn sie ermüden. Später wechseln Kinder die Tätigkeit, wenn eine Handlung nicht mehr reizvoll ist, vorerst keine Fortschritte bringt oder zu anstrengend wird. Vielleicht suchen sie bei Ermüdung Zuneigung, um sich erst einmal auszuruhen, oder quengeln, wenn die Bezugsperson nicht reagiert. Langeweile kennen sie in der Regel nicht, wenn sie den nötigen Raum und entsprechende Materialien haben, mit denen sie umgehen und die sie erforschen und handhaben können. Wahrnehmen und Handeln bestärken sich gegenseitig.

Säuglinge zeigen bereits ein auffallendes Interesse an Gleich- oder ähnlichaltrigen Kindern. Sie nehmen Blickkontakt auf, beobachten und berühren sich. Später regen sie sich gegenseitig an, machen Handlungen nach und freuen sich an den Reaktionen des jeweils anderen Kindes. Mit zwei Jahren können Kinder bereits kooperieren, d.h. etwas Gemeinsames tun, etwa im Sandkasten zusammen einen Berg aufschaufeln oder ein Loch graben und dabei aufeinander Rücksicht nehmen. Die hohe Lernfähigkeit und Lernmotivation, die der Mensch in seiner frühen Kindheit aufbringt, kann er in späterem Alter nicht mehr in dieser Stärke erreichen.

Die Natur als ein faszinierender Wahrnehmungs- und Erlebnisbereich in der frühen Kindheit

Der Aufenthalt im Freien erweitert dem Kind den erlebbaren Ausschnitt der Welt. Das Kind entdeckt, erforscht und erweitert seine Erfahrungen und Kompetenzen. Es erforscht Unbekanntes und lässt sich in neue Handlungen ein. Die Natur bietet ständig neue Erfahrungen und Kenntnisse. Kleine Kinder haben deshalb ein hohes Interesse an Vorgängen in der Natur. Das Interesse lässt allerdings in der Regel nach, wenn Kinder nicht Erwachsene erleben, die sie in ihrer Wissbegierde bestärken und sensibel ihre Gefühle und Stimmungen in der Natur wahrnehmen und unterstützend beantworten. Damit die Kinder später als Jugendliche und Erwachsene für die Empfindsamkeit der Natur sensibel sind und sich für den Erhalt der naturgegebenen Prozesse einsetzen, ist es wichtig, ihnen den Bezug zur Natur zu erhalten und zu erweitern.

Beispiele:

- Kinder lieben Spaziergänge und Spiel im Freien. Dabei erproben und erweitern sie ihre eigenen Fähigkeiten. Im Freien hat das Kind eine weit größere Vielfalt an Bewegung als im Raum und setzt seine Nahsinne mit hoher Ausdauer intensiv ein. Es erfindet tausend Spiele ohne auf vorgegebenes Spielmaterial angewiesen zu sein.
- Auf Stimmungen in der Natur reagieren Kinder sensibel und fasziniert, etwa auf Tageszeiten wie Morgendämmerung oder Sonnenuntergang, Mondschein und den Sternenhimmel, das Wetter vom Sommergewitter bis zum Schnee, die Pflanzenwelt in den Jahreszeiten vom ersten Grün im

Frühling bis zu den Früchten und dem Laubfall im Herbst, die großen Tiere im Tierpark und die kleinen am Wegesrand und im Wald.

Abbildung 2.2: Die Natur bietet tausend Entdeckungen.
Kleine Tiere sind besonders faszinierend. Ekel empfinden Kinder selten, wenn ihnen das ablehnende Gefühl nicht vorgelebt wird.

Leider ist die direkte Naturerfahrung für Kinder, die in der Stadt aufwachsen, sehr beschränkt – oft auch für Kinder auf dem Land. Dabei geht es nicht um Wissen, das Kinder reichlich über Medien erfahren und dabei auch Zusammenhänge erkennen können. Es geht um einen Mangel an Erlebnis und Bezug. Für spätere Wertschätzung und Einsatzbereitschaft sind Erlebnisse mit ihren Gefühlen weit prägender und motivierender als Wissen und Erkenntnisse.

2.2 Die Weltentdeckung und Anstrengungsbereitschaft von Anfang an bestärken

Der Säugling und das Kleinkind benötigen vor allem für ihre Wahrnehmungen mit den Nahsinnen (Körpersinne) reichliche Anregungen und Bestärkungen. Die Eindrücke über die Fernsinne (Sehen und Hören) müssen dagegen eher reduziert werden, damit das kleine Kind in Ruhe und selbstbestimmt seine Welt wahrnehmen und sich in seine Erforschung vertiefen kann. Dem Säugling helfen warme Farben in seiner Umgebung und sanfte Geräusche, seine Welt als ihm zugewandt und wohlwollend aufzunehmen. Im Zentrum steht natürlich immer die erwachsene Bezugsperson, die den Säugling nährt, trägt, zärtlich an sich drückt, schaukelt, schwingt, mit ihm spricht und ihm die Welt mit froh stimmenden Erfahrungen nahe bringt. Mit dieser freudigen Grundhaltung erweitert das Kind dann vertrauensvoll und zuversichtlich seine selbstbestimmten Erlebnisse.

Das heutige gesellschaftliche Umfeld kann die Wahrnehmungs- und Experimentiermöglichkeiten eines Kindes einseitig beeinflussen und dadurch behindern, wenn die Erwachsenen nicht gezielt für ausgleichende Anregungen sorgen. Beispielsweise schränken die Wohnungsweise in Hochhäusern und der rege Straßenverkehr die Wahrnehmungen mit den Nahsinnen von Kindern ein, da sie dem Kind zu wenige Gelegenheiten bieten, mit dem Körper, vor allem dem Bewegungs- und dem Gleichgewichtssinn ausreichend und breit zu experimentieren. Das Wetter (auch das sogenannte schlechte Wetter) und die Natur werden von heutigen Kindern oft nur begrenzt ganzkörperlich wahrgenommen. Das Temperaturempfinden etwa wird durch gleichmäßig beheizte Räume und überwarme Winterkleidung wenig variiert, das Kind wird nicht abgehärtet. Körperliche Anstrengungen werden ihm unzureichend abverlangt. Es riskiert wenig. Deshalb müssen die Eltern gezielt nach Möglichkeiten suchen, Kinder zum Austasten ihrer Grenzen anzuregen und herauszufordern.

Vielseitige Gelegenheiten zum Selbsttun bei der Weltentdeckung bieten

Die Zukunft braucht wissbegierige und lernbereite erwachsene Menschen, die aufmerksam Folgen und Nebenwirkungen von Prozessen und Neuerungen wahrnehmen, die sich für notwendige Veränderungen verantwortlich fühlen und Initiative ergreifen. Das setzt differenzierte Wahrnehmungsfähigkeit, Engagement, Lern- und Leistungsmotivation sowie realistische Risikobereitschaft voraus. Kleine Kinder äußern in ihrer großen Wissbegierde diese Fähigkeiten in hohem Maß. Wahrnehmung ist für sie mit Spannung verbunden, vor allem dann, wenn sie Neues erforschen oder eigene Grenzen austasten. Kinder nehmen Gegebenheiten auch nicht einfach nur hin. Wo immer sie Chancen sehen, wollen sie Hintergründe verstehen, gestalten und verändern: Das Krabbelkind versucht Dinge zu erreichen und sie zu sich heranzuziehen, um sie zu untersuchen. Dabei führt es den Gegenstand häufig zum Mund, und zwar nicht nur, um zu schmecken, sondern auch, um mit den wahrnehmungssensiblen Lippen zu tasten. Das Kind erzeugt Geräusche, lässt Dinge fallen, schiebt sie weg, füllt in Gefäße um, experimentiert mit allem erreichbaren Material. Später baut es Türme, verwandelt einen Baustein oder einen Stuhl in ein Auto und wird damit aktiv. Es baut Berge und Tunnels im Sand und erprobt Fähigkeiten des Wassers, wenn immer sich eine Gelegenheit dafür bietet.

Die hohe und glücklich machende Bereitschaft des Kindes, seine Sinne in neuen Erlebnisbereichen einzusetzen, Risiken abzuschätzen und angemessen einzugehen, ist Voraussetzung für seine körperliche und geistige Entwicklung. Das Kind braucht deshalb ein breit anregendes Umfeld und angemessene Unterstützung von seinen Eltern und anderen Bezugspersonen, um diese naturgegebene und hoch motivierte Lernbereitschaft lustbetont umzusetzen, und seine große Anstrengungsbereitschaft möglichst lange zu erhalten.

Das Erforschen der Welt außerhalb der Wohnung ist für das Kind bis zum Schulbeginn oft nur in Begleitung Erwachsener möglich. Deshalb rücken leider das Sehen und das Hören für viele Kinder in den Mittelpunkt. Kinder betrachten dann z.B. die Außenwelt viel zu häufig aus dem Fenster, sei es aus dem Zimmerfenster, dem Autofenster oder auch auf dem Bildschirm. Dabei handelt es sich um ein Sehen und Hören, das zur gleichen Zeit das Be*greifen* nicht ermöglicht. Mit dem Wort »Begreifen« habe ich die körperliche Handlung gemeint. Aber der Satz kann genauso in den geistigen Bereich übertragen werden. Diese Wahrnehmungseinseitigkeiten bedeuten, dass Eltern sich gezielt darum bemühen müssen, im Tageslauf des Kleinkindes für unterschiedlichste Wahrnehmungen mit den Nahsinnen und für vielseitige Erprobung des eigenen Körpers zu sorgen.

Abbildung 2.3: Leistungserfolge spornen das Kind an, seine Fähigkeiten voll einzusetzen und seine Grenzen auszutasten.

Als Erwachsener einfühlsamer Anregungs- und Spielpartner sein

Die meisten der heutigen Kinder sind erwünschte Kinder. Eltern nehmen sich Zeit, ihre Kinder anzuregen, mit ihnen zu spielen und sie in ihrer Entwicklung zu unterstützen. Bei einem großen Angebot von Spielmaterial besteht allerdings die Gefahr, die Kinder mit Anregungen zu überhäufen. Eine zu starke Animation (gelenkte Anregung) schwächt die Initiative, die Ideenfindung und die Selbstbestimmung der Kinder. Sie verlassen sich dann auf die Anregungen, die von den Erwachsenen oder auch von dem ständig neuen Spielmaterial ausgehen. In selbst entwickelte spielerische Auseinandersetzung lassen sich die an Animation gewöhnten Kinder zunehmend weniger ein. In Kindergärten wird oft gesagt, manche der Kinder müssten erst wieder Spielen lernen. Dabei können Kinder spielen und erweitern ihr Spiel entwicklungsbedingt von sich aus. Sie müssen Spielen nicht lernen, vorausgesetzt, sie haben es nicht »verlernt«. Wenn sie im Kindergartenalter ohne gezielte Animation nicht spielen, dann ist in ihrer Entwicklung ein natürliches Bedürfnis bereits beeinträchtigt worden.

Erwachsene als Anregungs- und Spielpartner werden deshalb darauf achten, dass sie dem Kind nicht die Initiative nehmen, sondern das Kind möglichst in seinem Tun beobachten und bestärken, anstatt ihm häufig zu zeigen, wie es sich mit einem Gegenstand auseinandersetzen soll. Wenn kleine Kinder miteinander spielen, dann geschieht das zunächst nebeneinander und noch nicht miteinander. Der Erwachsene könnte deshalb öfter neben dem Kind gleiche Spieltätigkeiten nachmachend und dadurch bestärkend ausführen, anstatt dem Kind etwas vorzumachen und das Nachmachen vom Kind zu erwarten. Wenn der Erwachsene nachmacht und nicht vormacht, wird dem Kind nicht ein möglicher selbst zu entdeckender Lernvorgang weggenommen. Beim Vormachen durch Erwachsene wird ihm zudem vermittelt, dass es etwas nicht kann, was es vielleicht mit Erfolgsfreude selbst gekonnt hätte. Allerdings ist hier wie in so vielen pädagogischen Bereichen die Gratwanderung zwischen zu viel und zu wenig einzuschätzen.

Manchmal können die Erwachsenen auch durch sogenannte Impulse (Anreiz, Gedankenanstoß) dem Kind eine Anregung oder eine Richtung zu einer eigenen Handlungsidee geben. Sie legen z.B. einen bestimmten Gegenstand in die Nähe des Kindes, der zur Erweiterung der Handlung führen kann. Um dem Kind

Hilfe für eine Problemlösung zu geben, sagen sie vielleicht: »Versuche es mal mit einem anderen Baustein!« und im nächsten Schritt möglicherweise: »Ich denke, dieser Baustein ist zu klein!« Wenn ein Kind sich z.B. mit einem Puzzle bemüht, sagt die Mutter: »Wenn ich ein Puzzle zusammensetze, suche ich mir immer zuerst alle Teile mit einem glatten Rand heraus.« Manchmal hilft dem Kind so ein erster Schritt zur gedanklichen Fortsetzung in eine Erfolg versprechende Richtung:

Allerdings können Erwachsene trotz allen Bemühens, sich in die Spielbedürfnisse des Kindes einzudenken, keine gleichaltrigen Spielkameraden ersetzen. Erwachsene haben eine andere Rolle und eine andere Körpergröße. Die Anregungen, die das Kind durch gleich- und ähnlichaltrige Kinder auf Spielplätzen, in Eltern-Kind-Gruppen, im Bekanntenkreis, in der Tageseinrichtung und wo immer es sich ergibt, erhalten, können Erwachsene nicht bieten. Sie werden vom Kind nicht als gleichwertig anerkannt. Die Reibung und Konfliktbearbeitung mit einem gleich- oder ähnlichaltrigen Kind, ist durch Erwachsene ebenfalls nicht zu ersetzen, denn Erwachsene haben eine grundsätzlich andere Position als ein mitspielendes Kind. Erwachsene und Kinder als Spielpartner stehen auf zwei verschiedenen Ebenen. Sie bieten verschiedenartige Anregungen und unterstützen in unterschiedlicher Weise die Entwicklung des Kindes.

Spielzeug mit Anregung der Nahsinne als wichtig ansehen, elektronisch gesteuertes Spiel zeitlich begrenzen

Spielmaterial, das die Nahsinne herausfordert (Tasten, Bewegen, Gleichgewicht), regt zu Handlungen sowie zur Bewegung an und nicht nur zur Betrachtung oder zum Zuhören. Das Kind greift, verändert, bewegt sich und setzt Material in Bewegung. Im Alter des Rollenspiels übernimmt das Kind Ideen aus Erlebtem in seine Spielhandlungen. Es spielt Erlebtes und gehörte oder gesehene Geschichten oder Charaktere nach. Dabei wandelt es das Wahrgenommene natürlich auch ab.

Bilderbücher regen das Kind dazu an, Dinge aus seiner Erlebniswelt im Bild zu erkennen, die Bildbetrachtung mit Sprache zu begleiten und sein Blickfeld und seine Kenntnisse zu erweitern. In der Abbildung eines Gegenstandes entdeckt es die Welt aus einer neuen Sicht und erkennt Zusammenhänge mit der realen Welt. Wenn es ermüdet, legt es das Bilderbuch weg und wendet sich anderen Dingen zu. Im Gegensatz zu Filmen entscheidet es selbst die Dauer seiner Betrachtung. Bei Filmen wird das Kind dagegen von den schnell vorübergleitenden Bildern zwar angezogen, aber es kann nicht verweilen, sich nicht vertiefen, nicht mit Worten begleiten, nicht handeln.

Für den Erwachsenen oder das ältere Kind ist der Film eine gute Sache, weil er solche Geschehnisse der Welt und deren Zusammenhänge erfassbar macht, die sie nicht real erleben oder er*fassen* können, etwa entfernte Begebenheiten, das Leben im Wasser, in der Luft und in der Erde. Fantasievolle Geschichten unterstützen ihre Vorstellungskraft und ihre Ideen. Für das junge Kind, das seine Nahwelt noch nicht er*fasst* hat, bedeuten die technischen Errungenschaften aber ein Problem, weil sie Realität vortäuschen und das Kind mit zu schnell vorüberfliegenden visuellen und akustischen Eindrücken überschütten. Das Kind kann die Geschehnisse nicht angemessen einordnen, kann die Dauer der Betrachtung nicht selbst bestimmen und die Eindrücke nicht nach individuellem Bedürfnis verarbeiten. Elektronische Medien sollten deshalb bei Kleinstkindern mit Ausnahme nicht zu lauter Musik – auch diese nur zeitlich begrenzt – möglichst nicht angestellt und bei Kindern im Kindergartenalter ausgewählt und nur dosiert eingesetzt werden. Das kleine Kind braucht seine Zeit für handlungsaktive und selbstbestimmte Spielformen.

Die meisten Computerspiele sind ebenfalls bewegungsarm und sind in ihrer Struktur vom Erwachsenen (der Industrie) vorgegeben. Eine zeitlich ausgedehnte Beschäftigung mit Computerspielen schränkt die Zeit des Kindes für selbst entworfene Spiele und für die eigenständige und handlungsaktive Entdeckung der Welt ein. Eine kritische Auswahl und die zeitliche Begrenzung werden deshalb in pädagogischen Fachkreisen für das Kind im Kindergartenalter – und auch später – als sinnvoll und notwendig empfohlen.

Auch längere Fahrten im Auto sind verlorene Zeiten für das Kleinstkind. Manche Eltern versuchen mehrstündige Fahrten zu einer Zeit vorzunehmen, wenn das Kind üblicherweise schläft und versuchen es in wachen Zeiten im Auto in irgendeiner Form zu beschäftigen. Im Kindergartenalter kann sich das Kind bei einer ausgedehnten Fahrt in Hörspiele und Musik einlassen und kann sich auch in angeschnalltem Zustand mit Spielmaterial befassen, natürlich auch nur zeitlich begrenzt und unterbrochen durch bewegungsreiche Pausen.

Abbildung 2.4: Mit Spielautos ohne Batterie und mit einer schiefen Ebene wird anderes gelernt als mit einem ferngesteuerten Spielfahrzeug.

Wahrnehmungsintensive Abenteuererlebnisse ermöglichen

Die technischen Medien, Fernes heranzuholen und seh- und hörbar zu machen, haben einen weiteren Nachteil für die Entwicklung des Kindes: Das Kind sieht im Film z.B. das Erlebnis von anderen Kindern. Es erlebt nicht selbst. Es erfährt die gezeigte Spannung nicht aufgrund der eigenen Wahrnehmung mit den Nahsinnen. Die geweckten Gefühle entstehen nicht aufgrund eigener Erlebnisse. Sein Abenteuer- und Spannungsgefühl ist beim Betrachten von Erlebnissen anderer Personen schwächer als beim eigenen Handeln. Deshalb muss das Medium das gezeigte Abenteuer steigern. Während ein Kind es beispielsweise als spannend und abenteuerlich erlebt, auf einen Baum zu klettern und Trittmöglichkeiten zu suchen (in etwas abgeschwächter Form auch auf einem Klettergerüst oder einem zubereiteten Kletterbaum mit vorgegebenen Trittstufen), könnte ein Film, der nur das Suchen und Tasten beim Hinauf- und Hinabklettern zeigt, kaum Spannung hervorrufen. Das Abenteuer muss im Film sichtbar gefahrvoller sein, um Spannungsgefühle zu erzeugen. Das eigene Abenteuerbedürfnis wird nicht realistisch befriedigt, im Gegenteil!

Das Klettern auf einen Baum bedeutet, dass das Kind seinen eigenen Körper erprobt und selbst entscheidet, wie weit es geht und was es riskieren will. Beim Sehen eines Filmes, dem Betrachten eines Bilderbuches oder dem Zuhören einer erzählten Geschichte ist das Geschehen vorgegeben. Das Kind handelt dabei nicht selbst. Gegen das Nacherleben von Geschehnissen, die andere Menschen betreffen, ist als solches nichts einzuwenden. Nacherleben darf die eigenen abenteuerreichen Erlebnisse aber *nicht ersetzen*. Das natürliche eigene Bedürfnis nach Risiko und Spannung läuft Gefahr zu verkümmern oder kann übersteigert werden, wenn der Alltag nicht andere spannende Abenteuererfahrungen bietet. Jugendliche können dann ihre Abenteuerbedürfnisse oft nur befriedigen, wenn sie realistische Gefahrengrenzen und/oder gesellschaftliche Gesetze überschreiten, bzw. dem Überschreiten möglichst nahekommen. Die spektakulären Mutproben Jugendlicher machen an den Grenzen echter Gefahren dann nicht mehr Halt, Komasaufen oder kriminelle Handlungen wirken als Mutproben. Ein Waldgeländespiel, eine Wald-Nachtwanderung, eine Übernachtung unter freiem Himmel, eine anstrengende mehrtätige Wanderung oder eine Fahrradtour üben für viele Jugendliche keinen Reiz aus. Sie wecken kein Abenteuergefühl und schrecken durch die damit verbundene körperliche Anstrengung oder als »unspektakuläre« Aktion von vorneherein ab. Etwa ein späteres soziales Praktikum in einem anderen Land wird nicht in Erwägung gezogen. Die Abenteuerlust wird nicht mehr durch realistisch und ethisch angemessenes Verhalten gestillt.

Zu reichhaltigen Sinneseindrücken in der Natur verhelfen

Für kleine Kinder ist die Natur – wie oben erläutert – ein wonniglicher und höchst interessierender Wahrnehmungs- und Erlebnisbereich, und zwar für eine Wahrnehmung *mit allen Sinnen*. Dabei ist es wichtig, dass das Kind schon von klein auf erfährt, dass die Natur empfindlich ist und geschützt werden muss. Deshalb braucht das Kind erwachsene Vorbilder, die in überzeugter Haltung die Natur wertschätzen und unnötige Eingriffe vermeiden (siehe nächsten Abschnitt). Das Kind muss Natur vielseitig erleben und mit beeindruckenden Gefühlen verbinden können, um sie faszinierend zu finden und überzeugend wertzuschätzen.

Zum Erlebnisbereich der Natur gehört eine große Vielfalt, zum Beispiel:

- Die Stimmung der Tageszeiten bei unterschiedlichem Wetter, wobei vor allem ein Gewitter und die Nacht abenteuerliche Gefühle hervorrufen und zu Mut auffordern,
- die unterschiedlichen Landschaften,
- die Jahreszeiten mit der Vielfalt und der Veränderung der Pflanzenwelt,
- das Wasser und die Erde in den unterschiedlichen Erscheinungsformen,
- die für die Kinder so faszinierenden Tiere bis hin zu den kleinen unscheinbaren Insekten und Würmern, die besonderen Schutz benötigen.
- Auf den Bezug zu dem Bereich der Natur, der uns ernährt, wird in Kapitel 4 eingegangen.

Abbildung 2.5: Die Vielfalt einer Blume lässt Kinder staunen.

Kinder nehmen die täglich erlebte Natur oft als Selbstverständlichkeit hin. Deshalb ist es gut, wenn Erwachsene sie auf Veränderungen und Besonderheiten aufmerksam machen, gemeinsam mit ihnen besondere Erlebnisse suchen und sich mit ihnen an Ereignissen und Veränderungen freuen.

Beispiele:

- Sich zusammen an einem warmen Sommertag auf eine Wiese legen und den Himmel beobachten, Sonnenaufgang, Sonnenuntergang und Mondschein bewusst mit dem Kind wahrnehmen, den Regen, den Wind, das erste Schneien zusammen beobachten und zwar nicht nur vom Fenster aus verfolgen, sondern ganzkörperlich wahrnehmen, lediglich das Gewitter vom geschützten Raum aus angstfrei beobachten,
- mit Wasser, Sand, Erde und Lehm experimentieren, Schnee und Eis in einer Schüssel tauen, barfüßig ein paar Schritte durch Schnee laufen und natürlich Schlitten fahren und einen Schneemann bauen,
- gemeinsam die Veränderung der Pflanzenwelt in den Jahreszeiten bewusst wahrnehmen, sich an kleinen unscheinbaren Blumen freuen und sie wenn möglich nicht pflücken, damit sich auch noch andere Menschen daran begeistern können, sich gegenseitig auf die reichhaltige Pracht der Natur im Frühjahr, Sommer, Herbst und Winter aufmerksam machen, säen und das Wachstum von Pflanzen beobachten, Pflanzen pflegen, Naturmaterial sammeln und damit werken,
- selbstverständlich in und mit der Natur spielen: im Sand und in den Büschen, auf einem öffentlichen Spielplatz, wenn vorhanden im Garten, bei einem Spaziergang auf Feldwegen und im Wald.

In vielen Kindergärten werden heute regelmäßige »Wald-« oder »Naturtage« durchgeführt, damit Kinder, die mit ihren Familien nur selten Gelegenheit dazu haben, die Natur und den Wald erleben können. Leider reicht das Personal in den Tageseinrichtungen für häufige Waldtage nicht aus. Reine Waldkindergärten gibt es nur selten, und wenn, meist aufgrund einer privaten Initiative. Sie sind auch nur Halbtagskindergärten und kommen für viele Familien deshalb nicht in Frage.

Die Natur gemeinsam mit den Kindern schätzen und schützen

In Anbetracht der gefährlich schnell zunehmenden Krisen durch menschliche Eingriffe in den Naturhaushalt erscheint es zwingend notwendig, die Bildungseinrichtungen für entsprechende Bildungsziele weit intensiver als bisher zu öffnen und auch die Frühpädagogik in den Kindertageseinrichtungen und die familiäre Erziehung im Rahmen ihrer Möglichkeiten einzubeziehen. In den Bildungsplänen für Schulen und auch für Kindertagesstätten werden entsprechende Bildungsziele genannt. Sie reichen aber bei Weitem nicht aus und verlieren auch ihren Einfluss auf Kinder und Jugendliche, solange in ihrem Alltag (Bildungseinrichtungen und Familie) nicht nachhaltig mit Natur umgegangen wird.

Die Weltdekade »Bildung für nachhaltige Entwicklung«, die 2002 von der Generalversammlung der Vereinten Nationen für die Jahre 2005 bis 2014 ins Leben gerufen wurde und auch in Deutschland umgesetzt wird, ist für Bildungsprojekte im Zusammenhang mit Naturerhalt ein wichtiger, aber bisher noch viel zu kleiner Beginn. Im Rahmen dieser Bildungsanregungen und -erprobungen werden neben Projekten für Schulen und Erwachsenenbildung zunehmend auch Projektvorschläge für Einrichtungen der Frühpädagogik, d.h. Kindertagesstätten, entwickelt (www.dekade.org). Mit dem Ziel, nachhaltige Entwicklung weltweit in den nationalen Bildungssystemen zu verankern, betonen die Herausgeber die Bedeutung und Notwendigkeit einer Lebensweise von jedem einzelnen Menschen, die bestrebt ist, den Kreislauf der Natur regenerierbar zu erhalten.

Projekte, d.h. die inhaltliche und handlungsaktive Auseinandersetzung mit einem Teilthema, beeinflussen die ethische Grundhaltung eines Kindes nur begrenzt. Wichtiger ist die Umsetzung der angestrebten Ziele im Alltag. Konkret bedeutet das z.B.: Wenn im täglichen gemeinsamen Haushalt Müll achtlos produziert und weggeworfen wird, verändert eine differenzierte Information über die entstehenden Schäden durch Müll oder die Besichtigung einer überquellenden Mülldeponie das Verhalten des Kindes höchstens kurzfristig. Oder: Kinder im Kindergartenalter müssen erleben, dass kleine Tiere, etwa Insekten und Würmer im Alltag geschützt werden, z.B. ein auf dem Asphalt gefundener trocken werdender Regenwurm in feuchte Erde getragen oder eine Spinne nicht getötet, sondern mit einem Glas und einem Stück Papier ins Freie gesetzt wird. Ohne dieses alltägliche Erleben verändert beispielsweise der Besuch bei einem Imker die Wertschätzung und den Schutz kleiner Tiere höchstens im Zusammenhang mit dem durch Bienen erzeugten Honig.

Abbildung 2.6: Zweijährige Kinder können bereits nachempfinden, dass kleine Tiere empfindlich sind und geschützt werden müssen.

Wenn das Kind Erwachsene als *Vorbild* erlebt, die wertschätzend mit der Natur umgehen und unnötige Eingriffe vermeiden, wird es selbst ein sensibles Verhalten gegenüber den Vorgängen in der Natur und schonenden Umgang mit den Ressourcen der Natur entwickeln können. Noch deutlicher wird sein Verhalten beeinflusst, wenn es – wo immer möglich – in entsprechende Handlungen einbezogen wird.

Beispiele:

- Die Familie achtet auf sparsamen Umgang mit Ressourcen. Anregungen sind in Ratgebern von Verbraucherberatungen zahlreich zu finden: den Wasserhahn schließen, wenn das Wasser vorübergehend nicht benutzt wird, etwa beim Zähneputzen oder beim Geschirrspülen; die Räume im Winter bei *zugedrehter* Heizung gezielt lüften; auch sonst auf sorgsamen Energieverbrauch achten, etwa beim Autofahren und den Urlaubsreisen. Das Kind wird in die Überlegungen und Handlungen einbezogen, beispielsweise erklären ihm die Eltern, dass beim Duschen weniger Wasser als beim Baden in der Badewanne benötigt wird und deshalb das Baden begrenzt werden soll.
- Kinder experimentieren, spielen und werken mit gesammelten Naturmaterialien. Dabei achten die Erwachsenen darauf und begründen es dem Kind, dass nur solche Dinge gesammelt werden, die für die Natur keinen schädlichen Eingriff bedeuten. (Auch kleine Eingriffe können schädlich sein! Außerdem beeinflussen diese die Grundhaltung des Kindes.) Kinder sammeln z.B. auf dem Boden liegende Äste (brechen aber keine noch wachsenden Pflanzenteile ab). Sie verwenden Steine, Sand, Erde, Herbstblätter, Gräser, Wildfrüchte, Obstkerne, Schnee und Eis.
- Erwachsene und Kinder betrachten kleine Tiere mit Interesse (und oft mit der Lupe) und bringen sie anschließend in ihre Natur zurück. Bei Gehegen von Tieren werden die Anweisungen beachtet, etwa Pferde nicht zu füttern.

Kinder, die in ihrer frühen Kindheit die Erfahrung machen, dass sie (zunächst gemeinsam mit Erwachsenen) Missstände in der Natur bemerken und beheben können, vielleicht sogar mit eigenen Ideen, haben eine gute Grundlage, um später als Jugendliche und Erwachsene Natur aufmerksam wahrzunehmen. Sie werden weniger Belehrung brauchen, um Natur als empfindsames System zu schätzen und zu schützen und eine entsprechende Ethik aufzubauen. Schädliche Eingriffe in die Natur werden sie schneller als andere bemerken, auf zerstörende Veränderungen betroffen reagieren und Abhilfe anstreben. Es kommt deshalb darauf an, dass Eltern und Erzieherinnen diese Denkrichtung verinnerlichen, selbst leben und mit den Kindern im alltäglichen Leben mit einer entsprechenden Grundhaltung und Überzeugung umsetzen. Dabei werden sie beachten, dass Kinder auch Kleinigkeiten sehr ernst nehmen.

Beispiele für das Wahrnehmen und ggf. Verändern von Missständen in der Natur:

- Auf der Wanderung bemerkt die Familie oder die Kindergartengruppe, dass ein Markierungszeichen fehlt. Sie finden und befestigen es und/oder melden es der zuständigen Stelle.
- Besucher eines öffentlichen Spielplatzes oder Wanderer auf einem Rastplatz hinterlassen weggeworfenen Müll. Kinder und ihre Eltern oder Erzieherinnen weisen sie darauf hin und fordern sie freundlich auf, den Müll sachgemäß zu entsorgen oder mitzunehmen.
- Ein Teil der Wandergruppe will im Sommer über eine Wiese eine Abkürzung nehmen. Der andere Teil der Gruppe hält sie davon ab, weil dadurch Schäden für die Bauern angerichtet werden, auch wenn sie vielleicht nicht auffallen.
- Im zeitigen Frühjahr beteiligen sich fünf- und sechsjährige Kinder (mit Erwachsenen) bei einer Aktion des BUND (Bund für Umwelt und Naturschutz Deutschlands) oder des NABU (Naturschutzbund): Frösche werden während ihres Laichzuges an dem für sie errichteten Schutzzaun an der Straße eingesammelt und über die Straße getragen.
- Kinder beobachten mit ihren erwachsenen Begleitern Kaulquappen in einem Teich im Stadtwald. Ein Spaziergänger wirft seinem Hund einen Stock ins Wasser. Der Hund springt in den Teich und holt den Stock. Die Kinder freuen sich zunächst über den flinken Hund, aber dann kommt Kritik auf: Was bedeuten schwimmende Hunde für die Kaulquappen? Kinder und ihre Betreuer sprechen den Spaziergänger an und beschließen, zu Hause Schilder zu malen mit der Bitte, Hunde zum Schutz der Kaulquappen in der nächsten Zeit nicht ins Wasser zu lassen. (Die Erwachsenen haben die Initiative der Kinder unterstützt, obwohl sie nicht wussten, ob die Hunde den Kaulquappen wirklich schaden. Ihnen war die Initiative wichtiger als das reale Ausmaß der evtl. Beeinträchtigung.)

Wenn ein Kind solche Erfahrungen macht und sich beteiligt, wird ihm deutlich werden, dass es bereits als Kind Missstände wahrnehmen und sinnvolle Veränderungen bewirken kann. Diese Erfahrungen und Erkenntnisse können eine prägende Wirkung auf seine Entwicklung haben. (Auf die Wichtigkeit solcher Erfahrungen für die Persönlichkeitsentwicklung des Kindes wird in Kapitel 7 detaillierter eingegangen.) Eltern, die den Tageseinrichtungen bestärkende Rückmeldungen geben, wenn diese mit ihren Kindern naturbezogene Unternehmungen vornehmen, unterstützen das Team einer Tagesstätte wahrscheinlich mehr als sie vermuten. Es ist keine pädagogische Selbstverständlichkeit, mit einer Kindergruppe Natur »in kleinen nebensächlich wirkenden Teilbereichen« zu schützen und wachsam die Kinder in ihren die Natur schützenden Handlungen zu bestärken. So eine Pädagogik verlangt zusätzlichen Einsatz von den Erzieherinnen und setzt auch Mut voraus, gegen den gesellschaftlichen Strom zu schwimmen. Damit sollten Eltern ein Team nicht allein lassen.

3 Klettern, toben, Purzelbäume – In Bewegung will ich wachsen

Wahrnehmung mit den Nahsinnen (Körpersinnen) setzt Bewegung voraus. Der Tastsinn, die Bewegungs- und Kraftwahrnehmung sowie der Gleichgewichtssinn reagieren in der Bewegung. Kinder, die die Möglichkeit und die Anregung zu breiter Wahrnehmung mit den Nahsinnen haben, bewegen sich auch viel. Bewegung bedeutet aber noch weit mehr als vielseitige und stark machende Wahrnehmung mit den Nahsinnen. Das Kind braucht intensive Bewegung für eine gesunde körperliche Ertüchtigung und zur Unterstützung seiner gesamten Entwicklung, vor allem des Intelligenzbereichs, der emotionalen Entwicklung und der Lernfähigkeit.

Beispiele für vielseitige Bewegung im Alltag:

- Die Mutter hat eine Trittstufe benutzt, um ein hoch gelegenes Schrankfach zu erreichen. Melanie, 15 Monate, krabbelt hin und versucht hinaufzuklettern. Die Mutter erkennt die Trittstufe als interessantes und Mut machendes Spielgerät und stellt sie dem Kind auf einen Teppich, damit Melanie sich beim Abrutschen weniger wehtut und unbedenklicher riskieren kann.
- Jan, sechs Jahre, fährt mit seiner Mutter zur Sammelstelle für Gartenabfälle der Gemeinde, um den Herbstgartenschnitt wegzubringen. Jan will jubelnd auf den großen Abfallhaufen klettern. Die Mutter zögert, weil Jan sich schmutzig machen wird, aber die Begeisterung ihres Sohnes steckt sie an. Jan schlägt vor, dass die Mutter ihm die Äste hinaufreicht, damit er sie in die hinteren Lücken schieben kann. Anschließend klettert er hinten auf die Umgrenzungsmauer und balanciert außen herum wieder nach vorn. Begeistert! Er ist stolz auf seine Leistung und auf das Gelingen.

Abbildung 3.1: Freude an der Bewegung und die Freude an der Wahrnehmung steigern sich gegenseitig: Wie sieht die Welt aus, wenn sie auf dem Kopf steht?

- Die Familie macht einen Sonntagsspaziergang. Die beiden Geschwister Max, sechs Jahre, und Lisa, fünf Jahre, entdecken einen schönen Kletterbaum und bitten die Eltern um eine Pause, die sie in abenteuerlichem Klettern freudig genießen. Danach laufen sie nicht auf dem Weg, sondern etwas seitab im Wald und freuen sich über ihr Bewältigen von Hindernissen. Sie kommen an einen Bach, der zu breit ist, um ihn mit einem Schritt zu überqueren. Sie rufen den Eltern zu, dass sie warten sollen. Die Eltern sehen wie die Kinder Schuhe und Strümpfe ausziehen, um den Bach zu durchwaten. Es ist zeitiges Frühjahr, die Kinder tragen noch warme Anoraks. Aber gegen ein kurzes kaltes Fußbad haben die Eltern nichts einzuwenden. Sie hätten die Kinder kurzfristig auch barfüßig durch Schnee laufen lassen.
- Zeitumstellung auf Winterzeit. Plötzlich sind die Abende so früh dunkel. An einem Wochenende unternehmen die Eltern mit der vierjährigen Luise und ihrer fünfjährigen Freundin Leyda eine »Nachtwanderung« im dunklen Stadtwald.
- Luana, fünf Jahre, wohnt mit ihrer Familie im zweiten Stock. Zwischen ihr und ihrer Mutter hat sich nach einem gemeinsamen Einkauf ein regelmäßiges Spiel entwickelt: Die Mutter fährt mit den Taschen im Aufzug, Luana läuft die Treppe hinauf. Wer gewinnt? Manchmal muss die Mutter auf den Aufzug warten, weil er weiter oben festgehalten wird. Dann verliert sie die Wette.

3.1 Bewegung ist nicht nur Schulung des Körpers

Heutiges Leben verlangt im Allgemeinen wenig körperliche Anstrengung. Außer im Sport wird Bewegung eher mit Armut in Verbindung gebracht, etwa schlecht bezahlte bewegungsreiche Berufstätigkeit, Wege zu Fuß oder mit dem Fahrrad anstelle eines Autos. Deshalb und auch durch die heutige Wohnweise und den Verkehr werden die Bewegungsaktivitäten des Kindes wenig gefordert. Das Kind spürt den Bewegungsmangel allerdings selten bewusst als Mangel. Es wird z.B. durch Spielzeug von Bewegung abgelenkt. Die durch Bewegungsmangel entstehende Rastlosigkeit und Unruhe registriert das Kind selten als Bewegungsbedürfnis. Die Eltern gewöhnlich auch nicht. Das Kind übernimmt die niedrige Bewertung der Bewegung, es gewöhnt sich an geringere Bewegung, der Körper wird träger oder rastlos, die naturgegebene Freude an Bewegung lässt nach. Der junge Mensch gibt ein Stück Glück seiner Gegenwart auf – ohne es zu merken – und hält sein bewegungsärmeres Leben für »normal«, für weniger anstrengend und für zufriedenstellend.

Die Natur hat dem Kind aber mit der großen Bewegungsfreude eine Vorbereitung auf seine Zukunft mitgegeben, die mehr bewirkt als nur eine gesunde und kräftigende körperliche Entwicklung.

Übung von Leistungsbereitschaft, Ausdauer und Belastbarkeit

Bei der Bewegung, vor allem der Ganzkörperbewegung, nimmt sich das kleine Kind sichtbar in seiner Handlungsfähigkeit wahr. Es erkennt seine Fortschritte, wenn es sich im Krabbelalter beispielsweise an einem Tischbein hochziehen kann, wenn es laufen, einen Gegenstand schieben oder ziehen, erstmalig auf eine Stufe und später auf Treppen steigen, wenn es springen und einen Hang hinunter rollen, Dreirad fahren oder über einen Balken balancieren kann. Die täglichen neuen Erfahrungen stärken das Kind in seiner Leistungs- und Anstrengungsbereitschaft. Das Kind ergreift lustvoll Initiative, nicht nur um sich zu entwickeln und die Welt zu entdecken, sondern auch, um seine Welt zu verändern, etwa wenn es im Sand einen Berg aufhäuft, wenn es eine Decke über einen Stuhl hängt, um sich darunter in eine kleine Höhle zu verkriechen oder wenn es mit Bausteinen einen möglichst hohen Turm baut. Es erlebt sich als handelndes Subjekt, das Veränderungen bewirken kann.

Kleine Kinder sind ausdauernd, wenn sie ein Ziel verfolgen. Sie strengen sich an. Erfolge machen sie stolz. Wenn sich das Kindergartenkind mit Altersgenossen vergleicht, fällt der motorische Bereich besonders auf, etwa beim Laufen, Springen, Klettern oder bei seiner körperlichen Ausdauer und seinem Mut. Kinder spornen sich gegenseitig an, die jüngeren, weil sie nachahmen, die älteren Kindergartenkinder bereits mit ersten konkurrierenden Gefühlen.

Das Kind tastet im Bewegungsbereich seine körperlichen Grenzen aus. Es gibt oft erst auf, wenn es an nicht zu überwindende Grenzen stößt. Es hat einen

Abbildung 3.2: Ein Teil der älteren Kinder wird mit dem eigenen Fahrrad in diesen städtischen Kindergarten gebracht.

entwicklungsbedingten Drang, Leistungen zu wiederholen, zu steigern, ausdauernd zu üben und seine Belastungsgrenzen auszuloten. Die Erfolgsfreude, die es im körperlichen Bereich sichtbar erlebt, motiviert zum Durchhalten auch in anderen Entwicklungsbereichen wie Wissbegierde, Sprache oder emotionale Fähigkeiten, etwa Angstbewältigung.

Umgang mit Ungewissheiten, Entdeckerfreude und Abenteuer

Menschen, die hoffnungsvoll in ihre Zukunft blicken, haben meist eine optimistische Einstellung gegenüber Ungewissheiten. Sie sehen in Ungewissheiten auch eine Chance zur Herausforderung. Ihr Blick fällt deutlicher auf eine positive Bewältigung als auf einen negativen Ausgang. Sie sind risikobereit. Kleine Kinder, die Gefahren nicht erkennen können, müssen natürlich vor Unfällen geschützt werden. Aber bereits im Kindergartenalter kann das Kind weitgehend Risiken seiner Bewegungsaktivitäten einschätzen. Kinder, die nicht zu ängstlich erzogen werden, gehen gern an ihre Grenzen von körperlichem Können und führen ihre neu erlernten Fähigkeiten auch stolz vor, etwa einen Graben zu überqueren oder über Mauern zu balancieren. Sie nehmen die wachsenden Fähigkeiten des eigenen Körpers wahr und erproben sie in immer neuen Zusammenhängen. Dabei kommen Abenteuergefühle auf. Das ist wieder so ein Bereich, in dem die Natur vorgesorgt hat, dass Kinder sich in ihrer beschützten Kindheit für die zu bewältigenden Ungewissheiten ihrer erwachsenen Zukunft lustbetont erproben und schulen.

Ein bewegungsarmes Kind zeigt im körperlichen Bereich in der Regel weniger Risikobereitschaft. Dadurch riskiert es nicht nur weniger, sondern erfährt auch in dieser Hinsicht weniger Bestärkung. Zusätzlich übt es sich weniger im Abschätzen realer Erfolgsaussichten. Wenn Neugierde und Entdeckerdrang des kleinen Kindes mit Spannung, Erfolg und erlebter Leistungsstärke verbunden sind – und nicht mit zu häufigen elterlichen Warnungen vor Gefahren – besteht eine größere Wahrscheinlichkeit, dass das Kind diese Erfahrungen auch in andere Bereiche überträgt, die mit geistigem oder emotionalem Risiko und Überwindung verbunden sind. Ein risiko- und abenteuerbereites Kind mit hoher Belastbarkeit bereitet sich gut auf seine Zukunft vor.

Aufbau von Selbstvertrauen

Der Glaube an die eigenen Fähigkeiten, auch in schwierigen Situationen etwas be-*wirken* zu können, wird heute mit dem Wort Selbst*wirk*samkeitserwartung bezeichnet. Eine hohe Selbst*wirk*samkeitserwartung bedeutet, mit überzeugtem Selbstvertrauen und Optimismus Dinge anzugehen und Handlungen vorzunehmen. Personen mit einem starken Glauben an die eigenen Fähigkeiten gehen motivierter und mutiger an die Lösung schwerer Aufgaben heran. Sie zeigen mehr

Abbildung 3.3: Die Wurzeln für das Selbstvertrauen, Hürden zu meistern, liegen in der frühen Kindheit.

Anstrengungsbereitschaft und Ausdauer und sind weniger anfällig für Angststörungen und Depressionen. Die Erfolge, die sie verbuchen können, erhöhen wiederum ihre Selbstwirksamkeitserwartung. Erfolg, Zuversicht und Wagnis bestärken sich gegenseitig.

Da das Kind im Bewegungsbereich deutlich und sichtbar seine Erfolge erlebt und Misserfolge zu überwinden versucht, steigert seine körperliche Selbstwirksamkeitserwartung auch andere Entwicklungsbereiche. Es kommt deshalb darauf an, dass die Bezugspersonen dem Kind Mut machend bei der Risikoeinschätzung helfen und Belastbarkeit und Ausdauer bestärken. Nur bei zu erwartenden ernsthaften und schmerzlichen Misserfolgen springen sie helfend ein, setzen Grenzen oder lenken vom Ziel ab. Bei einer zu ängstlichen oder überbetonten Besorgnis kann das Kind besonders im frühen Alter die Einstellung der Erwachsenen übernehmen. Es traut sich dann weniger zu, weil es den Misserfolgsbefürchtungen der Erwachsenen glaubt.

Wie das Kind später im Leben Hürden und Anstrengungen angeht und meistert, wird von der in der Kindheit aufgebauten Selbstwirksamkeitserwartung stark beeinflusst. Stresszeiten wie Pubertät, Berufsfindung, Freundschaften und Partnerschaften sowie Probleme im Beruf und im Familienleben werden bei einer hohen Selbstwirksamkeitserwartung optimistischer und leistungsmotivierter angegangen. Menschen mit Selbstzweifeln stehen unter stärkerem Stress und geraten leichter in eine Abwärtsspirale ihres Zutrauens in die eigenen Fähigkeiten. Eine bewegungsaktive Kleinkindzeit mit Mut machender Bestärkung von Seiten der Erwachsenen ist deshalb eine wichtige Entwicklungsunterstützung für das Selbstvertrauen und die Selbstwirksamkeitserwartung des Kindes.

3.2 Vielseitige Bewegung ermöglichen und herausfordern

Aufmerksame Erwachsene bieten dem Kind nicht nur variationsreiche Bewegungsmöglichkeiten und -anregungen. Sie sorgen auch dafür, dass das Kind nicht durch Ablenkungen, etwa durch eine Fülle von bewegungsarmem Spielmaterial von ausreichender und vielseitiger Bewegung abgehalten wird. Im Rahmen ihrer Möglichkeiten werden sie das Kind in seinem Bewegungsdrang bestärken und unterstützen. Sie werden versuchen, ihm mit einer Erwartungshaltung zu begegnen, die das Kind häufig zu Anstrengung motiviert.

Der Säugling und das Kleinkind

Im Säuglingsalter leiden die Kinder im Allgemeinen noch nicht unter Bewegungsarmut. Das Kind liegt ohne begrenzende Decke in seinem Bett. In angemessener Kleidung kann es eigene Bewegungsvielfalt entwickeln. Es wird häufig gewickelt und dabei liebevoll bewegt. Oft wird es viel zu häufig gewickelt! Ein ökologischer Schaden von zu häufigem Wickeln ist vor allem dann zu sehen, wenn keine Ökowindeln oder Stoffwindeln benutzt werden, denn bei der Verwendung herkömmlicher Zellstoffwindeln verbraucht jeder Säugling – abgesehen vom überaus hohen Wasser- und Energieverbrauch – einen ganzen Baum für seine Windeln! Fälschlicherweise wird in der Regel angenommen, Kinderpopos würden durch Urin wund. Urin hat aber gerade eine gegensätzliche Wirkung: Er wirkt wundheilend. Das Wundwerden geschieht nicht durch Urin, sondern durch längere Einwirkung von Stuhlgang (Carmen Thomas 1993, S. 74 und Coen van der Kroon 1996, S. 71 ff.).

Säuglinge werden häufig gebadet, manchmal schon ins Schwimmbad mitgenommen. Sie werden getragen, geschaukelt, geschwungen, in die Luft geworfen und über tausend Zärtlichkeiten und vielseitiges Spielmaterial zur Bewegung angeregt. Wenn die Kinder dann anfangen zu laufen, beginnen in manchen Familien die ersten Einschränkungen: Die Betreuung von Kindern ist anstrengend, wenn sie sich selbstständig bewegen, aber Gefahren noch nicht erkennen und Ge- und Verbote nicht verstehen oder nicht einhalten können. Die Versuchung für die erwachsenen Bezugspersonen, das Kind von eigenständiger Bewegung abzuhalten, oder die Bewegung einzuschränken, ist deshalb groß. Damit meine ich nicht irgendwelchen Zwang oder Verbote, denn es gibt – wie bereits gesagt – andere Möglichkeiten, Kinder in ihrem Bewegungsdrang zu begrenzen: Eine Fülle von buntem Spielmaterial lenkt das Kind vom Erforschen und Entdecken seiner weiteren Umwelt (Wohnung, Spielplatz) ab. Solange es sich vorrangig um Spielmaterial handelt, das den ganzen Körper bewegt, wäre dagegen weniger einzuwenden, etwa Dinge zum Ziehen und Schieben, zum Schaukeln, Schwingen, Rollen usw. Aber häufig handelt es sich um Material, das wenig zur Bewegung anregt: batteriebetriebene Materialien, elektronische Medien, Puzzles in unterschiedlichsten Variationen. Das Kind bewegt sich dabei nur wenig und erfährt auch den physikalischen Zusammenhang zwischen Kraft, Bewegung und Geräusch nur begrenzt. In Sitzschalen, Kinderstühlen und im Kinderwagen wirken kleine Kinder längere Zeit zufrieden, wenn sie etwas zu sehen oder mit den Händen zu spielen haben. Ihre Bewegungsarmut fällt vielleicht nicht auf. Wenn die Eltern ihnen aber Bewegungsmöglichkeiten anbieten, nehmen die Kinder sie lustvoll auf, sie sind ausgeglichener, unternehmungsfreudiger und setzen ihre körperlichen Fähigkeiten breiter und kompetenter ein.

Abbildung 3.4: In dieser Krippe sind Leitern ein beliebtes Spielzeug. Sie lassen das Kind riskieren und mutig sein.

Das Kind im Kindergartenalter

Das gesundheitlich gut entwickelte Kind im Kindergartenalter ist immer noch voller Bewegungsdrang und Bewegungsfreude. Es erprobt seine zunehmenden Fähigkeiten bis an seine Leistungsgrenzen: so schnell wie möglich laufen, so hoch wie möglich klettern oder so weit wie möglich balancieren.

Das Kind braucht viele Spaziergänge, und zwar möglichst oft mit zusätzlichen, Spaß machenden Bewegungsabläufen:

- Über Platten und auf den Fußwegen hüpfen oder rückwärts gehen, Treppenstufen besteigen und herunter springen, schiefe Ebenen hinauf- und herunter laufen und was Kinder so alles entdecken.
- Der tägliche Weg in den Kindergarten kann je nach Wohngegend solch einen Spaziergang bieten. Wenn es der Verkehr zulässt, werden im zweiten und dritten Kindergartenjahr vielleicht vorhandene oder ausgeliehene und getauschte Fahrzeuge mitgenommen, um dem Kind den Weg immer wieder erneut faszinierend und spannend zu gestalten und seine Bewegungsfreude herauszufordern und zu unterstützen.

Für Eltern, die ihre Kinder auf dem Weg zum Dienst in den Kindergarten bringen, oder aus anderen Gründen mit den Kindern nicht laufen können, bieten sich diese Bewegungsmöglichkeiten leider nicht. Absprachen, dass andere Eltern in Wohnnähe das Kind zu Fuß in den Kindergarten mitnehmen und abholen, unterstützen zusätzlich Bewegungsfreude der Kinder, weil zugleich das Gehen mit einem zweiten Kind mehr Spaß macht. Aber natürlich ist das nicht immer möglich. Sich darauf zu verlassen, dass im Kindergarten genügend Bewegung geboten wird, reicht nicht aus. Kindergärten gehen mit den Kindern zwar grundsätzlich viel ins Freie, aber häufig spielen die Kinder Rollen- und andere bewegungsschwache Gruppenspiele im Hof oder hocken spielend im Sand. Die beengten Höfe lassen neben den herkömmlichen Bewegungsgeräten breite Bewegungsmöglichkeiten oft nicht zu. Wald- oder Naturtage nehmen in Tageseinrichtungen zwar zu, sind aber schon allein aus Personalmangel nicht oft genug durchführbar.

Deshalb ist es wichtig, dass Eltern die Sorge für ausreichende Bewegung nicht allein dem Kindergarten überlassen. In der Stadt ist man für einen kurzen Einkauf z.B. mit dem Auto keineswegs immer schneller als mit einem Fahrrad, zu Fuß oder mit dem Bus. Und vielleicht reicht die Zeit, noch kurz an einem Spielplatz mit Bewegungsgeräten Halt zu machen.

Eltern können in der Wohnung durch vorübergehende »Einrichtungsgegenstände« zu bewegungsreichem Spiel anregen, etwa mit großen Verpackungskartons, einer Standleiter, der auf den Boden gelegten Matratze, mit Seilen (beispielsweise um sich daran zu hängen oder sie hinter sich her zu ziehen), mit Brettern als schiefe Ebenen, um darauf Gegenstände rollen zu lassen, mit Verpackungsrollen als Klickerbahn und vielem mehr.

Das Wochenende darf ebenfalls nicht bewegungsarm verlaufen. Für berufstätige Eltern kann es aus Zeitgründen schwierig werden, den Samstag und Sonntag kindgemäß und bewegungsreich zu gestalten. Da muss wieder auf Absprachen mit anderen Familien zurückgegriffen werden, damit Kinder im gegenseitigen Austausch zu einem Ausflug oder einem bewegungsreichen Spiel mitgenommen werden. Erzieherinnen klagen oft über den schwierigen Wochenbeginn an den Montagen, an denen viele Kinder rastloser als an anderen Wochentagen sind, weil das Wochenende zu Hause zu bewegungsarm war.

Kinder getrennter Eltern, die das Wochenende beim anderen Elternteil verbringen, benötigen auch dort ausreichende und motivierende Bewegung. Reine Wanderungen ohne Abwechslung und Spannung können für Kinder schnell langweilig werden. Da hilft auch nicht das Versprechen, anschließend in eine Gaststätte zu gehen, denn das ist für die Kinder wieder nur langweilig und bewegungsarm. Wichtiger sind Abwechslungen auf der Wanderung, etwa Hänge hinauf- und hinunterlaufen und rollen, Tobespiele auf der Liegewiese, Fang- und Versteckspiele, querwaldein laufen, ein Spiel am Bach, der Bau eines »Hauses« aus gesammelten Ästen (auch als Anregung zum Rollenspiel), Wahrnehmungsspiele, etwa barfüßig laufen oder blindes Abtasten von unterschiedlichen Baumstämmen. Manchmal ist auch eine Wanderung mit Fahrzeugen möglich wie eine Fahrradtour oder auch nur die Mitnahme von Roller, Skateboard oder Schlitten.

Abbildung 3.5: In kleinen Gruppen spornen sich die Kinder gegenseitig lustvoll an, ihre Leistungsgrenzen auszutasten. Hier auf einem Zeltplatz.

4 Essen dient nicht nur dem Körper – Mit Nahrung wird sehr viel gelernt

In diesem Kapitel geht es nur am Rande darum, wie das Kind gesund ernährt werden kann, der wesentliche Aspekt wird darauf gelegt, wie Nahrung und Ernährung als ein dem Kind angemessenes und stark machendes Lernfeld genutzt werden können. Nahrung bietet breite Möglichkeiten, das emotionale, soziale und kognitive (auf Erkenntnis beruhende) Denken und Handeln des Kindes anzuregen und zu unterstützen. Zugleich werden in diesem Abschnitt Gedanken angeschnitten, wie Kinder auf einen wertschätzenden Umgang mit Nahrung vorbereitet werden können, der im Sinne von globaler Solidarität und von Friedensbemühung von den Menschen zunehmend verlangt werden wird.

Beispiele für unterschiedlichste Erfahrungen mit Nahrung:

- Luis, fünf Jahre, sieht, wie die Mutter Eier aus dem Kühlschrank holt, um Spiegeleier zuzubereiten. »Ich!« schreit er und holt den Hocker, um die Arbeitsfläche und den Herd zu erreichen. Er will die spannenden Erfahrungen wiederholen, die er an das Zubereiten von Spiegeleiern erinnert. Er beobachtet wie die Butter schmilzt, bemüht sich feinmotorisch beim Öffnen der Eier und dem Hantieren mit dem Salzstreuer und staunt, wie die Eier sich in der Pfanne verwandeln. Und das Ergebnis: Er hat für die Familie eine Speise zubereitet!
- Kindergeburtstag bei einer türkischen Familie: Zwei fünfjährige deutsche Kinder, Jonas und Tom, sind eingeladen. Es gibt eine Speise, die beide Kinder nicht kennen. Tom lehnt sie ab ohne sie zu probieren, weil er sie nicht kennt. Jonas ist neugierig und gespannt, wie sie schmeckt. Er isst sie

begeistert. Welche Botschaft gibt er den Gastgebern? Anerkennung, Wertschätzung, Dankbarkeit, Freundschaft! Er spürt und signalisiert Nähe. Vielleicht gelingt es Tom, in einem anderen Zusammenhang Nähe herzustellen, vielleicht bleibt er aber auch distanziert. Außerdem hat er den Mut, ein Risiko einzugehen, nicht aufgebracht.

- Leonie, sechs Jahre, hat davon gehört oder eine Sendung gesehen, in der über die ungewöhnliche Trockenheit und die Hungersnot in einem Land des Südens berichtet und zu Spenden aufgerufen wurde. Sie fragt die Eltern, warum das so ist und ob die Eltern diesen Menschen auch helfen.
- Auf den Sonntagsspaziergang in den Wald im Spätsommer nimmt die Familie eine Plastikkanne und Becher mit. Sie wollen Brombeeren sammeln, falls sie welche finden. Sie finden! Der vierjährige Hendrik pflückt auch und füllt sie in den am Gürtel befestigten Becher. So hat er beide Hände frei, um Ranken auf die Seite zu ziehen oder sie mit einer Hand festzuhalten. Das Staunen seiner Eltern, wie viel er schafft, lässt ihn die Kratzer der Dornen vergessen. Am Abend kocht der Vater gemeinsam mit Hendrik Brombeermarmelade. Eins der fertigen Marmeladegläser bekommt der verwitwete Opa zum Geburtstag.
- Familie Weber hat im Keller einen alten großen Blumentopf stehen. Im März holt die Mutter ihn gemeinsam mit Fabia, vier Jahre, auf den Balkon im fünften Stock. Am letzten Wochenende haben sie von Freunden einen schweren Beutel mit echter Gartenerde mitgebracht. Eine mittelgroße Kartoffel wird genau hinsichtlich ihrer Keimstellen untersucht, durchgeschnitten und beide Hälften mit den Keimstellen nach oben in die Erde im Blumentopf eingegraben. Er folgen geduldiges Gießen, das Untersuchen und Entfernen von allem ungewollten Kraut, das aus dieser Erde wächst, endlich das Kartoffelgrün und im Herbst – schon fast vergessen – das Ernten. Noch etwas Interessantes folgt: Das bewusste gemeinsame Zubereiten einer Kartoffelspeise für die Familie.

4.1 Der Umgang mit dem Essen bewirkt mehr als gesunde Ernährung

Drei Bereiche von Lernmöglichkeiten im Zusammenhang mit Essen und Nahrungsmitteln werden in diesem Abschnitt in den Blick genommen:

1. Der Umgang mit der Lust am Essen führt häufig zu pädagogischen Unsicherheiten und Konflikten. Stark machende Erziehung verlangt durchdachte pädagogische Entscheidungen.
2. Die weltweite Lebensmittelerzeugung stößt an Grenzen. Der Hunger eines großen Teils der Weltbevölkerung und die damit verbundenen Mangelerscheinungen und tödlichen Krankheiten hängen zwar *noch nicht* mit Nahrungsmangel, sondern (unfassbar!) mit Verteilungsproblemen und der zunehmenden landwirtschaftlichen Nutzung für den Anbau von Agrosprit zusammen. Außerdem trägt die Landwirtschaft zu einem großen Prozentsatz zur CO_2-Verschmutzung der Luft bei. In die Nahrungszusammenstellung und in den Umgang mit Essen müssen deshalb auch soziale, solidarische und ökologische Gedanken einbezogen werden. Das betrifft zwar weitgehend die Erwachsenen, lässt die Kinder aber nicht unberührt.
3. Im dritten Teilbereich wird auf die vielfältigen Lernmöglichkeiten für Kinder im Zusammenhang mit dem Wachstum von Nahrungsmitteln sowie der Zubereitung von Essen hingewiesen. Genauer bearbeitet wird dieser Aspekt im Kapitel 4.2.

Fragwürdige Folgen von überbetonter Lust am Essen

Essen ist im Allgemeinen ein Freude bereitender Lebensbereich des Kindes. Wenn der Mensch Hunger hat, ist Essen eine lustvolle Tätigkeit. Essen trägt deshalb zu einer glücklichen Gegenwart des Kindes bei – jedenfalls meistens. Wenn Eltern Nahrung aber grundsätzlich nur mit Genuss verbinden, können sich Nachteile für die Entwicklung des Kindes ergeben.

Denkbare Wirkungen bei ausschließlich lustbetonter Speisenauswahl

Kinder sind neugierig und wissbegierig. Das sind sie naturgegeben auch im Zusammenhang mit dem Sinn des Schmeckens. In der heutigen Erlebnisgesellschaft, in der für jedes Bemühen und jeden Einsatz ein freudiges »Erlebnis« erwartet und sofortige Lustbefriedigung fast zur Selbstverständlichkeit wird, hat für viele Menschen das Essen in erster Linie einen Genuss zu bieten. Die Speisen werden oft nicht nach Gesundheit, sondern nach Genuss und häufig auch nach möglichst geringem Arbeitseinsatz zusammengestellt.

Wenn die Eltern durch ihr Vorbild oder ihre Gespräche vermitteln, dass bestimmte Nahrung nicht schmeckt und sie deshalb ihr Essen nach besonderen Vorlieben auswählen, wird sich das Kind von ihrer kritischen und vorsichtigen Haltung anstecken lassen und wird ebenfalls wählerisch werden. Dadurch reduzieren Kinder ihre Neugierde und Lernbereitschaft im Zusammenhang mit dem Schmecken. Die Übertragung der Zurückhaltung, der Ängstlichkeit und der mangelnden Entdeckerfreude in andere Lernbereiche kann folgen.

Kinder, die nur an Vertrautem festhalten und sich nicht an Neues wagen, werden es später schwerer haben, wenn ungewohnte, aber notwendige Verhaltensweisen von ihnen verlangt werden. Sie erleben im Bereich des Schmeckens nicht die Überraschung und die Freude am Erfolg einer mutigen Handlung. Das Leben wird außerdem reicher und bunter, Erfolgserlebnisse nehmen zu, wenn man sich an Ungewohntes wagt. Der neugierige und risikobereite Mensch ängstigt sich weniger und empfindet Umstellungen häufiger als neugierig machende Herausforderung und als Abenteuer. Vieles macht im Leben auch Freude, was sich zunächst nicht mit Lustgefühl ankündigte, nicht nur im Bereich der Ernährung. Bei starker Orientierung am Genuss wird zudem Verantwortung schnell ausgeblendet. Wählerisches Verhalten hat Nähe zu hoher Anspruchshaltung und zu Überheblichkeit.

Kinder mit einer eingeschränkten Speisenauswahl können Schwierigkeiten und Ängste haben, wenn sie Freunde besuchen oder in der Tageseinrichtung essen, weil sie fürchten, etwas essen zu müssen, was ihnen nicht schmeckt. Ihr Erfahrungs- und Handlungsraum wird unnötigerweise begrenzt. Möglicherweise lassen sie einen Besuch in einer ausländischen Familie von vorne herein fallen, während andere Kinder gerade das Unbekannte, Neue und Fremdartige in dieser Familie als kleines Abenteuer suchen. Gastfreundschaft kann darunter leiden. Interkulturelle Freundschaften sind nicht nur für die Integration des anderskulturellen Kindes, sondern auch für die Entwicklung globaler Solidarität überaus wichtig.

Abbildung 4.1: Kinder, die sich beim Schmecken wissbegierig an Ungewohntes wagen, zeigen Risikobereitschaft und Leistungsstärke. Natürlich müssen sie sich daran halten, zuerst die Zustimmung der Erwachsenen einzuholen.

Ein weiterer ungünstiger Einfluss entsteht auf die Entwicklung eines Kindes, wenn es merkt, dass es über Essen die Eltern manipulieren und seinen Willen durchsetzen kann. Die Kinder verweigern dann eine Speise, um sich mächtig zu fühlen.

Die dadurch erreichte Macht gegenüber der Mutter oder dem Vaters wiegt den Hunger, der vielleicht eine kurze Zeit ausgehalten werden muss, weitgehend auf, bzw. verdrängt ihn. Die erfahrene Macht werden die Kinder möglicherweise später in anderen Konflikten ebenfalls erproben. Ein Gefühl von Macht muss allerdings nicht grundsätzlich schädlich für ein Kind sein, aber hier geschieht sie nicht im Einklang mit den Eltern und nicht aus einem zu befürwortenden Anlass.

Die Gefahr von Genussmitteln als Belohnung und als Symbol für liebevolle Zuwendung

Viele Eltern wollen ihrem Kind möglichst häufig über geschenkte Leckerbissen, insbesondere mit einer Süßigkeit, Freude bereiten. Aus gesundheitlicher Sicht ist der hohe Zuckerkonsum schädlich. Zucker hat zudem einen Anflug von suchtähnlicher Wirkung: Je weniger Zucker gegessen wird, desto stärker wird eine leicht gesüßte Speise als süß empfunden.

Aus psychischer Sicht kann die häufige Belohnung durch Nahrungsmittel zu weiteren fragwürdigen Wirkungen führen: Das Kind erwartet die materielle Lustbefriedigung und wertet sie als Anspruch. Wenn es sich z.B. angestrengt hat, will es belohnt werden. Für seine Leistung reicht ihm das Ergebnis und die Freude über den Erfolg nicht mehr aus. Die Anstrengung soll auch materiell gewürdigt werden. Diese Wertung wird ins Erwachsenenleben mitgenommen. Der Mensch strebt dann nach häufiger materieller Belohnung. Ethische Werte rücken vom Sein zum Haben. Der Konsumwunsch steigt. Deshalb ist es keine stark machende Erziehung, wenn das Kind Genussmittel als Belohnung für einen Einsatz als Regel erwartet. Wenn das Erfolgserlebnis selbst an erster Stelle der Befriedigung und der Freude über den eigenen Einsatz steht, wächst das Kind an sich selbst. Es erlebt sich lustvoll im Sein und nicht im Haben. Es wertet sich an der Leistung und bemüht sich für ein angestrebtes Ergebnis und nicht wegen einer materiellen Belohnung. Sich gut zu fühlen, weil etwas gelungen ist, wirkt auf die Persönlichkeitsbildung weit positiver und stärkender als das Wohlgefühl durch materiellen Genuss. Außerdem demonstriert das materielle Geschenk von den Eltern zum Kind Hierarchie. Der Erwachsene gibt von seinem Besitzüberschuss. Beim Geben von Zeit, Zuwendung, Interesse oder Zärtlichkeit wären der Erwachsene und das Kind fast gleichwertig im Geben und Nehmen.

Mit diesen Begründungen ist natürlich nicht gemeint, dass ein Kind nie eine materielle Belohnung bekommen sollte. Eltern, denen das Starkwerden ihrer Kinder wichtig ist, werden aber materielle Belohnungen sparsam einsetzen.

Mögliche Folgen bei Lob für reichliches Essen

Kinder, die gelobt werden, wenn sie viel essen oder auch, wenn sie häufig mit Essen getröstet werden, entwickeln leicht eine weitere falsche Bewertung der Ernährung. Die Nahrungsaufnahme oder auch die Belohnungsspeise wird mit Anerkennung und Geliebtsein oder auch mit Trost verbunden. Jeder Mensch braucht das Gefühl, anerkannt und geliebt zu werden, insbesondere das Kind. Es wird sich bei häufigem Lob für reichliches Essen vor allem dann als liebenswert empfinden, wenn es viel isst. Durch diese Wertung verliert es sein natürliches Sättigungsgefühl und isst zu viel.

Weder Zwischenmahlzeiten (auch während des Fernsehens) noch das Lob, wenn das Kind viel isst, sind für das Kind förderlich. Bei uns leidet bei einer gesunden Nahrungszusammenstellung kein Kind Mangel, auch wenn es weniger isst als Erwachsene für angemessen halten. Wir haben uns durch die Überernährung schon so an den Blick übergewichtiger Kinder gewöhnt, dass normal schlanke Kinder für viele Menschen untergewichtig wirken.

Auch der Druck, einen Teller leer zu essen, ist unangemessen. Es darf dann aber nicht zur Regel werden den Speiserest wegzuwerfen. Wenn die Eltern den Rest aufessen, ist das auf Dauer auch keine gute Lösung. Das führt zu einem Beziehungsverhältnis, bei dem sich die Eltern unter das Kind stellen. Sie erledigen die Dinge, die das Kind nicht erledigen mag. Das Kind kann stattdessen den Rest des Essens zur nächsten Mahlzeit gewärmt bekommen. Allerdings muss unbedingt geprüft werden, ob ihm nicht zu große Portionen zugemutet werden oder ob das Kind sich im Hungergefühl zu Beginn der Mahlzeit zu reichlich bedient. Das Kind sollte so kleine Portionen bekommen, dass sie seinem Bedürfnis entsprechen. Es geschieht nicht selten, dass kleine Kinder überfüttert und im späteren Alter dann mit Vorwürfen dazu angehalten werden, weniger zu essen, »weil du sonst zu dick wirst!«. Inzwischen hat sich der Magen an die zu großen Mengen gewöhnt und weniger zu essen wird zur Qual. Dagegen ist Lob angebracht, wenn das Kind sich überwunden hat, von einer Speise zu essen, die es bisher nicht aß. Dann wird nämlich die Überwindung gelobt und nicht die gegessene Menge.

Globales Denken im Umgang mit Nahrung

In manchen Familien nimmt der Blick auf ökologisch durchdachte Ernährung einen zunehmenden Raum ein, z.B. ökologisch erzeugte Lebensmittel, keine Tierquälerei, keine genveränderten Pflanzen als Nahrungsmittel für Tiere, reduzierter Fleisch- und Fischkonsum, fair gehandelte Waren aus Ländern des Südens. Bei vielen dieser Familien liegt die Motivation für eine solche Ernährungsweise in der Beachtung einer gesunden Ernährung, zunehmend auch in den globalen ökologischen und sozialen Bewertungen. Den Kindern werden durch entsprechende Gespräche erste Ansätze für globales Denken im Zusammenhang mit Nahrung vermittelt. Für einen Teil von Familien sind die etwas teureren Lebensmittel allerdings schwer finanzierbar.

Erforderliche Ernährungsumstellung aus ökologischen und sozialen Gründen

Ein hoher Fleischkonsum ist aus global ökologischer und global sozialer Sicht mehrfach schädlich: Beim Anbau von Lebensmitteln, die von Menschen direkt gegessen werden und nicht über den Tiermagen gehen, kann eine mehrfache Anzahl von Menschen von der gleichen Landfläche gesund ernährt werden. Viehzucht beeinträchtigt darüber hinaus das Klima, und das schwerwiegend! Neben dem hohen CO_2-Ausstoß durch Düngung der Felder, dem notwendigen Transport und der Herstellung von Fleisch- und Wurstwaren entsteht durch die Verdauung der Rinder Methangas und durch die Gülleproduktion und Düngung Lachgas in hohen Mengen. Beide Gase sind für das Klima noch weit schädlicher als CO_2. Methangas hat eine etwa 20-fache Wirkung auf die Erderwärmung im Vergleich zu CO_2, Lachgas hat ein über 300-mal stärkeres Treibhauspotenzial als Kohlendioxid.

Leider nimmt der Fleischkonsum bei uns nur wenig ab, wenn überhaupt, obwohl diese Tatsachen bekannt sind. Da der reiche Bevölkerungsanteil in den Schwellenländern und den armen Ländern ebenfalls seinen Fleischkonsum und den Verbrauch von Eiern und Milchprodukten erhöht, nimmt die weltweite Viehzucht zum Schaden der Lebensmittelversorgung für die arme Bevölkerung und mit ihrem überaus negativem Einfluss auf das Klima bedauerlicherweise rasant zu. Die ständige Abholzung von Regenwäldern für den Anbau von Tierfutter und Biosprit erhöht zusätzlich die klimaschädliche Wirkung des ansteigenden Fleischkonsums.

In den letzten Jahren nehmen die Städte in Deutschland zu, die sich für einen fleischlosen Wochentag in ihren Kantinen entscheiden und die Bevölkerung zu einer Reduzierung ihres Fleischkonsums animieren. Die Stadt Gent in Belgien war die erste in Europa, inzwischen sind zahlreiche Städte diesem Beispiel gefolgt. Teilweise übernehmen auch Restaurants die Anregung ihrer Stadtverwaltung. Dadurch wird nicht nur in diesen Städten weniger Fleisch gegessen, sondern die Bevölkerung wird für die sozial und ökologisch schädliche Wirkung des hohen Fleischkonsums sensibler und zur Reduzierung vielleicht bereiter.

Abbildung 4.2: Beim Sommerfest, das der Kindergarten mit Kindern und Eltern feiert, wird Stockbrot gegrillt. Für die Kinder sind die Vorbereitung und der Prozess spannender, als wenn Erwachsene Fleisch zubereiten. Die Eltern erfahren den Grund, warum der Kindergarten das Brot dem Fleisch vorzieht.

Abbildung 4.3: Für das Stockbrot beim Sommerfest haben die älteren Kinder beim letzten Waldtag die Stöcke gesammelt, gereinigt und beschnitzt, und zwar immer auch für ein jüngeres Kind aus der Gruppe.

Hoher Fischkonsum ist ebenfalls sozial und ökologisch schädlich: Um den Fischbedarf zu decken, werden die Meere von den großen Fischfangflotten überfischt. Der Fischreichtum nimmt ab und die kleinen küstennahen Fischer in Afrika und in anderen armen Ländern verlieren ihre Lebensgrundlage. Die künstliche Zucht von Lachs und anderen Meeresfrüchten ist keine Alternative, da diese Tiere weitgehend Trockenfisch als Nahrung erhalten und dafür auch wieder große Fischmengen benötigt werden. Dazu kommt, dass wesentlich mehr gefüttert werden muss als die Tiere fressen, weil die Nahrung zu Boden sinkt und nur ein Teil davon gefressen wird.

Eine weitere schädliche Ernährungsart ist der hohe Verbrauch von Mineralwasser. Selbst »ungekühltes, stilles Mineralwasser belastet die Umwelt insgesamt 90 bis 1.000 Mal mehr als Leitungswasser« (Wuppertal Institut für Klima, Umwelt, Energie 2008, S. 133). Die Verbraucherberatungen versichern, dass Trinkwasser aus der Wasserleitung das am gründlichsten kontrollierte Lebensmittel in Deutschland ist. Um wegen Keimen und anderer Belastungen sicherzugehen, wird geraten, Wasser, das z.B. morgens mehrere Stunden in der Leitung stand, so lange ablaufen zu lassen, bis es merklich kühler wird.

Wenn in der Familie bei der Ernährung ökologische Gesichtspunkte berücksichtigt werden – egal aus welchen Motiven – , werden die Gesundheit und das Wohlgefühl eines Kindes nicht beeinträchtigt. In den ersten Lebensjahren gewöhnt sich das Kind an die entsprechende Speisenzusammenstellung. Spätestens im Schulalter erfassen Kinder die Begründungen. Die Rücksichtnahme auf die Bedürfnisse anderer Menschen, das Teilen mit anonymen Menschen wird ein Teil ihrer Grundeinstellung. Das geschieht durch die ethischen Werte der Eltern und ihre Vorbildhaltung, aber auch durch die Selbstverständlichkeit im täglichen Erleben. Edgar Morin, Präsident der Europäischen Agentur für Kultur der UNESCO, begründet die Erziehung des jungen Menschen zu einer eigenverantwortlichen und gemeinschaftsfähigen *global* denkenden Persönlichkeit so: »Menschheit hat aufgehört, ein abstrakter Begriff zu sein: Sie ist eine vitale Realität, denn sie ist zum ersten Mal insgesamt vom Tod bedroht; […] sie ist eine Schicksalsgemeinschaft geworden und allein das Bewusstsein um diese Gemeinschaft kann sie zu einer Gemeinschaft des Lebens führen.« (Morin, 2001, S. 141). Erwachsene mit einem entsprechenden Verantwortungsbewusstsein werden dieses Erziehungsziel, nämlich sich als Teil der globalen Menschheit wahrzunehmen und auch so zu verhalten, ernst nehmen.

Reduzierung des Wegwerfverhaltens

In den Medien wird zunehmend darüber berichtet, wie viele Lebensmittel in den Industrieländern im Müll landen. Im Mai 2011 kursierten Zahlen von über einem Fünftel der *gekauften* Lebensmittel. Dazu gehören auch große Mengen mit abgelaufenem Verfallsdatum, die Supermärkte in ihre Container füllen.

Konsumenten planen beim Einkauf zu reichlich. Die billigen Lebensmittelpreise veranlassen zum Wegwerfen. Speisen, die geringste Anzeichen von »nicht mehr frisch« zeigen wie leicht erkennbare Keime bei Kartoffeln, ein welker Stängel im Kräuterstrauß, eine kleine Stelle im Apfel landen im Müll. Zugegeben: Bei uns werden mehr Lebensmittel angeboten als verbraucht werden können. Aber in Ländern, aus denen viele dieser Lebensmittel importiert werden, herrscht

Hunger, selbst bei den Landarbeitern, die uns diese Lebensmittel produzieren. In den Industrieländern werden insgesamt Lebensmittel in einer solchen Menge weggeworfen, die ausreichen würde, die hungernden Menschen auf der Erde *mehrfach* zu ernähren!

Darüber hinaus vermittelt dieses schnelle Wegwerfverhalten den Kindern – auch ohne dass darüber gesprochen wird – mangelnde Wertschätzung von Lebensmitteln. Kinder suchen nach Sinn im Leben. Sie erfahren vom Hunger in der Welt, auch wenn wir ihnen entsprechende Informationen vorenthalten wollen. Wie sollen sie einen Sinn darin erkennen, dass wir Lebensmittel wegwerfen? Selbstverständlich ist der zuweilen gebrauchte Satz: »Iss Dein Brot auf, Kinder in Afrika wären froh, es zu haben!« reiner Unsinn. Kein angebissenes Butterbrot wird jemals nach Afrika geschickt. Außerdem soll kein Kind mehr essen als es Hunger hat. Aber die zehn oder vielleicht auch nur fünf Cent, die wir sparen, wenn wir das restliche Brot bei der nächsten Mahlzeit essen oder von vorneherein weniger zubereiten, würden in einer Sparbüchse im Monat wahrscheinlich einige Euros ergeben und könnten irgendwo die Not hungernder Menschen lindern.

Aus der Sicht der Wertschätzung von Lebensmitteln lehne ich auch das Basteln mit Lebensmitteln ab, etwa Kartoffeldruck oder Gemüse als Handpuppen. Ich weiß, dass viele Pädagogen diese Einstellung übertrieben finden, zumal Lebensmittel billiger zu haben sind als Werkmaterial. Es geht mir bei meiner Abneigung gegen das Basteln mit Lebensmitteln aber nicht um Geld, sondern um die Wertschätzung der Lebensmittel und die entsprechende Botschaft, die Kindern dabei vermittelt wird.

Nahrung und Essen als breites Lernfeld

Über gezielten Umgang mit dem Essen wird das Kind – wie zu Beginn dieses Kapitels bereits angeschnitten – in seiner Persönlichkeitsbildung gestärkt. Dazu gehören z.B. Neugierverhalten, Risikobereitschaft und ein angemessener Bedürfnisaufschub. Essen hat mit Teilen und mit Gemeinschaftserleben zu tun. Deshalb wird soziales Lernen angesprochen. Auch die Erweiterung von Sachkompetenzen, das Wissen und das Können, sind im Zusammenhang mit Nahrungsmitteln und Essens ein kindgemäßes Lernfeld und erhöhen sein selbstbestimmtes und verantwortliches Handeln. Dazu gehören die Essenszubereitung und die damit verbundene Hausarbeit sowie Erfahrungen mit dem Wachstum von Nahrung. Auf entsprechende Lernanregungen und durchdachtes pädagogisches Verhalten wird im folgenden Abschnitt eingegangen.

4.2 Essen und Nahrungsmittel als kindgemäßes und stark machendes Lernfeld nutzen

In diesem Abschnitt wird das soeben erwähnte breite Lernfeld im Erlebnisbereich des Essens differenziert und aus erzieherischer Sicht mit seiner stark machenden Wirkung beschrieben und begründet.

Neues als spannende Herausforderung empfinden und das Kind dazu anregen

Zu Beginn des Kapitels Ernährung habe ich bereits die Notwendigkeit begründet, Nahrung nicht zu stark am Genuss zu orientieren. Eine verwöhnende Erziehung im Essen schränkt das Kind in seinem Zugehen auf die Welt und seiner Teilhabe an der Welt ein und trägt nicht zu einer stark machenden Erziehung bei. Durch Überwindung und Wissbegierde kann zudem vermeintliche Unlust zu Lust werden nicht nur im Bereich des Schmeckens. Vorbild, Gewohnheiten bei der gemeinsamen Mahlzeit und Erwartungen, die die Erwachsenen an das Kind stellen, beeinflussen das Kind zu entsprechender Riskobereitschaft, zu Mut und Überwindung sowie zur Bereitschaft, Herausforderungen anzunehmen.

Beispiele:

- Wenn die Mutter kocht, schmeckt sie die fertigen Speisen ab. Mia, zwei Jahre, sieht das und will auch voller Spannung und Wissbegierde probieren.
- Bei Waldwanderungen im Herbst nehmen die Eltern wachsam die Beerenfrüchte am Wegrand wahr und probieren davon. Den Kindern vermitteln sie, dass sie nur kosten dürfen, was sie vorher den Eltern gezeigt haben, weil sich giftige und essbare Beeren manchmal sehr ähneln und weil Früchte in Bodennähe wegen Verunreinigung nicht gegessen werden sollen. Sie haben aber nichts dagegen, dass die Kinder z.B. ebenso wie sie Holunderbeeren oder die bitteren Schlehen probieren und an Hagebutten knabbern.

- Die Eltern äußern ihre neugierige und spannende Erwartung, wenn ihnen eine unbekannte Speise angeboten wird.
- Kinder bieten gerne Tieren Nahrung an, sei es für Haustiere, für Vögel im Winter oder den Tieren in einem Streichelzoo.

Bedürfnisaufschub und Verzicht als Stärke werten und vermitteln

Ein Lernbereich, der sehr stark mit Essen zusammenhängt und über Essen gelernt und geübt werden kann, ist die Fähigkeit zum Bedürfnisaufschub. Der Soziologe Peter Gross beschreibt Wertmaßstäbe der heutigen »Multioptionsgesellschaft«: »Traditionen verblassen. Möglichkeiten – Optionen – sind zahlreich geworden. Der heutige Lebensstil ist überaus vielfältig. Die Zukunft ist nicht voraussagbar. In einer Gesellschaft, die dem Einzelnen ständig neue Möglichkeiten eröffnet und in der die Bindung an Traditionen schwindet, ist auch der Verzicht eine notwendige Option. Auch im Zusammenhang mit den ökologischen Grenzen und einer sozialen Ethik, die heute und in der Zukunft von uns verlangt wird, muss auf die Befriedigung mancher Lustbedürfnisse verzichtet werden, bzw. die Lustbefriedigung muss in anderen Bereichen gesucht werden.« (Pongs 2004, S. 147 ff.).

Ein Beispiel für notwendigen Bedürfnisaufschub und sinnvollen Verzicht ist es, keine Lebensmittel zu kaufen, die von weither importiert werden, während sie zu anderer Zeit bei uns wachsen, etwa Erdbeeren im Winter. Der klimaschädliche CO_2-Ausstoß durch den weiten Transport (womöglich Luftfracht!) ist eine unverantwortliche Haltung gegenüber den Menschen in den Ländern, die von den Klimaschäden am stärksten betroffen werden. Das exportierende Land muss sich auf eine andere Produktion umstellen und deren Exporte müssen zunehmend unter faireren Bedingungen gehandelt werden, damit das Land nicht gezwungen ist, unter ausbeuterischen Arbeitsbedingungen und eigenem Hunger für den Export zu produzieren.

Kinder, die sehr von der sofortigen Bedürfnisbefriedigung getrieben werden, haben es später schwerer, für ihre Zukunft zu planen oder längerfristig an einer Zielsetzung festzuhalten. Das ist überhaupt etwas, was Kinder heute wenig erfahren und deshalb auch nicht lernen: für die Zukunft vorsorgen, damit verbunden das Sparen. Man sorgt beispielsweise nicht mehr wie früher für den Winter vor, sondern man kauft dann, wenn man die Ware verwenden will. Das monatliche Einkommen erhalten die meisten Familien regelmäßig und viele verbrauchen es ohne für Notzeiten vorzusorgen. Beim Sparen und Vorsorgen für spätere Zeiten würde das Kind lernen, mit Zeit umzugehen und Zukunft zu planen. Es würde Erfahrungen mit dem Durchhalten von Durststrecken und auch mit freiwilligem Verzicht sammeln. Ein nur In-den-Tag-Leben kann dem Kind die spätere Entwicklung erschweren, etwa wenn es als Jugendlicher und Erwachsener Engpässe durchzuhalten und langfristig Ziele anzustreben hat.

Wenn die Bevorratung und die Konservierung von Speisen in der Familie auch nicht mehr üblich und notwendig sind, eben weil man alles zu jeder Jahreszeit kaufen kann und für Bevorratung in den Wohnungen kein Platz vorhanden ist, so ist es doch sinnvoll, Kinder diese Erfahrung erleben zu lassen, damit sie beispielhaft in die Zukunft hineinplanen. Und Kinder haben durchaus Spaß und Erfolgsfreuden dabei.

Beispiele:

- In der Vorweihnachtszeit wird in den meisten Familien mit den Kindern gebacken. Leider manchmal auch gleich alles gegessen, anstatt das Gebäck bis zum Fest aufzuheben oder auch davon zu verschenken. Kinder helfen, Marmelade zu kochen aus gesammelten Wildfrüchten, aus Fallobst von Streuobstwiesen oder mit Obst, das im Spätsommer reichlich vorhanden ist. Diese Marmelade wird eine Zeit lang aufgehoben, z.B. für das nächste Frühstück mit einem Gast oder wird auch verschenkt, damit dem Kind die Vorausplanung und Vorsorge bewusst wird.
- Eltern sind mit ihrem Kind auf einem Spielplatz oder bei einem Spaziergang im Wald. Eigentlich wäre jetzt Zeit für eine Zwischenmahlzeit. Das Kind kommt aber nicht von selbst und äußert Hunger. Es ist in Spiel und Entdeckungen vertieft. Kinder werden im Bedürfnisaufschub bestärkt und werden unabhängiger und souveräner, wenn sie ohne Probleme ihr Essen eine Weile verschieben können. Noch stark machender ist es, wenn sie bei ihren faszinierenden Tätigkeiten und Spielen den Hunger gar nicht spüren. Der Essensaufschub bedeutet dann keinerlei Belastung. Das Wohlgefühl durch lustvolle entdeckende oder spielende Tätigkeit ist zudem wertvoller als das Wohlgefühl an Nahrung, wenn der Hunger nicht groß ist.

- Kinder sind bei entsprechender Motivation in ihrem letzten Jahr vor Schuleintritt durchaus in der Lage, Süßigkeiten, die ihnen geschenkt wurden, freiwillig einige Zeit aufzubewahren, bzw. nach und nach zu essen. An die Stelle des Genusses tritt die Freude am Erfolgserlebnis im Zusammenhang mit der eigenen Überwindung und dem souveränen Umgang mit dem Vorrat.
- Fünf- und sechsjährige Kinder haben bereits erste Mengenvorstellungen. Wenn sie vielleicht auch noch kein Taschengeld bekommen, haben viele doch schon eine Sparbüchse und machen die Erfahrung, mit ihrem Geld einkaufen zu können. Sie erleben, dass man mit gespartem und gesammeltem Geld andere Chancen hat als mit dem sofortigen Ausgeben für schnell gegessene Leckerbissen. Wenn sie später im Schulalter regelmäßig Taschengeld bekommen, können Eltern sie beispielsweise zum Sparen eines Teils anregen, damit sie die entsprechenden Erfahrungen noch deutlicher erleben.

Daniel Goleman berichtet in »Emotionale Intelligenz« vom sogenannten Marshmallow-Test, der in den 1960er Jahren von Walter Mischel in Stanford in USA durchgeführt wurde (Goleman 1996, S. 109): Vierjährigen Kindern wurde vom Versuchsleiter ein Marshmallow (Süßigkeit) bereitgelegt. Ihnen wurde versprochen, wenn sie mit dem Essen der Süßigkeit warteten, bis der Versuchsleiter in 15 bis 20 Minuten von einem Einkauf zurückkäme, würden sie ein zweites Marshmallow erhalten. Das sofortige Essen wurde ihnen aber freigestellt.

Zehn Jahre später wurde die Entwicklung der getesteten Kinder, die inzwischen Jugendliche geworden waren, überprüft. »Diejenigen, die mit vier der Versuchung widerstanden hatten, zeigten jetzt als Jugendliche größere soziale Kompetenz: Sie waren durchsetzungsfähig, selbstbewusst und besser in der Lage, mit den Frustrationen des Lebens fertigzuwerden. Sie neigten unter Stress weniger dazu, zusammenzubrechen, starr oder nervös und fahrig zu werden, wenn sie unter Druck gesetzt wurden. Herausforderungen nahmen sie bereitwillig an und stellten sich ihnen, und selbst bei Schwierigkeiten gaben sie nicht auf; sie waren selbstsicher und zuversichtlich, vertrauenswürdig und verlässlich; sie ergriffen die Initiative und stürzten sich in Projekte. Und sie waren über ein Jahrzehnt später noch immer in der Lage, eine Gratifikation aufzuschieben, um ihr Ziel weiterzuverfolgen.

Das runde Drittel der Untersuchten, die nach dem Marshmallow gegriffen hatten, zeigte dagegen eine Tendenz, diese Vorzüge in geringerem Maße zu besitzen, und das psychologische Bild war problematischer.« (Goleman 1996, S. 110).

Für positive Erfahrungen mit dem Teilen und Schenken sorgen

Mit Nahrungsmitteln entsteht ein geeignetes Lernfeld für das Teilen. Das Kind hat die Möglichkeit, etwas zu geben, etwa von seinen Süßigkeiten einem Freund abzugeben, das Frühstück im Kindergarten zu tauschen, den Geburtstagskuchen zu verteilen. Das Geben vermittelt Stärke, darf aber in der damit verbundenen Machtstellung nicht in Überheblichkeit ausarten, etwa durch das Verteilen von Süßigkeiten Unterordnung und Gefügigkeit zu »erkaufen«.

Etwas geben zu können, bietet dem Kind auch einen Anlass, etwas zu verhandeln. Es kann über einen gerechten Austausch diskutieren. Allerdings können dabei auch wieder Machtpositionen ausgenutzt werden. Deshalb ist es gut, wenn die Erwachsenen im Rahmen ihrer Möglichkeiten ein Auge auf das kindliche Geben und sein Tauschverhandeln haben, um das Kind sowohl im Einsatz für eigene Rechte zu bestärken als es auch zu veranlassen, angemessene Wünsche und gerechte Forderungen der anderen Kinder anzuerkennen. (Die Bedeutung des Gebens wird im Kapitel 7 ausführlicher thematisiert.)

Das Schenken von anderen Dingen als Lebens- und Genussmitteln birgt Probleme. Gekaufte Waren tragen heute oft nur zu einer unnötigen Konsumerhöhung bei, etwa wenn das Kind Verwandte beschenkt oder zu Geburtstagseinladungen von Spielkameraden große Geschenke mitnimmt. Außerdem hat das Kind zu Geschenken bei Geburtstagseinladungen in der Regel selbst nichts beigetragen. Es ist nicht wirklich sein Geschenk, sondern das seiner Eltern. Manchmal nehmen die Eltern eingeladener Kinder Kontakt miteinander auf und kaufen gemeinsam ein Geschenk, das mit den Eltern des Geburtstagskindes abgesprochen wurde. Unnötiger Konsum kann so vermieden oder wenigstens reduziert werden. Solche Geschenke sollten trotzdem nicht umfangreich sein, damit auch Eltern, denen der finanzielle Aufwand schwer fällt, die Einladung nicht absagen müssen.

Lebensmittel sind als Geschenke bei Einladungen von Erwachsenen dagegen sinnvolle Verbrauchsgüter. Wenn sie vorher gemeinsam mit dem Kind zubereitet wurden, haben sie durch den eigenen Arbeitsbeitrag einen anderen Wert als gekaufte Waren, etwa die selbst gebackenen Plätzchen, der Kuchen oder Salat oder auch die vom Kind dafür gezogene Kresse. Das Teilen zeigt sich für das Kind auch durch die in der Familie gelebte oder bei anderen Familien erfahrene Gastfreundschaft. Wenn sich das Kind hin und wieder bei der Vorbereitung für Gäste lustvoll beteiligt, wird es der Gastfreundschaft einen höheren Wert beimessen.

Essenszubereitung als breites Lernfeld einsetzen

Essenszubereitung ist ein anderes Lernfeld für Kinder, vorausgesetzt, das Essen wird in der Familie tatsächlich gekocht und nicht als gekaufte Fertigspeise nur erhitzt. Das Kind kann eine ganz andere Wertschätzung entwickeln, wenn es erlebt, wie die Speisen zubereitet werden, welche Arbeit dahinter steckt, aber auch, welche Freude es macht, etwas zubereitet zu haben, das den Familienmitgliedern schmeckt. Das Kind hat etwas zu geben, nämlich seine Arbeit, seinen Einsatz. Daran kann es seine eigene Leistungsstärke wahrnehmen und die Rolle, Gebender zu sein, erfahren. Wenn Kinder zusätzlich hin und wieder in die Nebenarbeiten wie Tischdecken, das Abräumen nach dem Essen und das Spülen einbezogen werden (spätestens für Kinder im Schulalter), kommen weniger lustvolle Einsatzbereiche dazu, die dem Kind nicht nur den täglichen Arbeitsaufwand der Erwachsenen verdeutlichen, sondern ihm auch eine Abrundung und Geschlossenheit seines Einsatzes vermitteln. Der Aufwand, den die Ernährung verlangt, ist etwas, was Kinder (und Erwachsene?) heute wenig erfahren. Das ist sicher auch einer der Gründe, warum Nahrung wenig wertgeschätzt wird.

Ein Bereich, auf den ich nicht genauer eingehe, ist die Vermittlung von Sachkompetenzen durch Nahrungszubereitung. Dazu gehören z.B. des Wissen über Nahrungsmittel und das Kochen, Mengenvorstellungen und Mengenvergleiche oder Geschicklichkeit in der Zubereitung von Speisen.

Tagesrhythmus und Gemeinschaftsgefühl erleben lassen

Der Mensch braucht Abwechslung in seinem Leben, aber auch Wiederkehr und Rhythmus. Für das Kind ist dieser Wechsel noch wichtiger als für den Erwachsenen, weil der Rhythmus dem Tag eine verlässliche Struktur bietet. Mahlzeiten sind ein deutliches Element für einen sicheren Rhythmus im Tagesablauf. Zudem

Abbildung 4.4: In vielen Tageseinrichtungen bereiten Kinder einmal wöchentlich oder öfter ein gemeinsames Frühstück für die Gruppe.

bieten Mahlzeiten die Möglichkeit für das Kind, die Gemeinschaft bewusst zu erleben und sich eingebunden, zugehörig und sicher zu fühlen. Rituale bei der Mahlzeit stärken das Gemeinschaftsgefühl, etwa gemeinsamer Beginn und gemeinsamer Abschluss, schön gedeckter Tisch und festgelegte Sitzordnung.

Das gemeinsame Essen bietet Geselligkeit. Nicht ohne Grund gehört weltweit zu vielen festlichen Anlässen eine gemeinsame Mahlzeit. Es wird erzählt, die Unterhaltung läuft locker, weil zugleich gegessen wird und niemand darauf achten muss, dass kein peinliches Schweigen entsteht. Wohltuendes Essen und wohltuende Gemeinschaft verstärken sich gegenseitig. Konflikte sind natürlich nicht auszuschließen. Es kommt darauf an, sie in einer Atmosphäre gegenseitiger Wertschätzung zu bearbeiten.

Während des Essens bietet sich die Gelegenheit, vom Tag zu erzählen, Fragen zu stellen und wenn nötig auch Probleme zu erörtern. Gesprächsbeiträge des Kindes wie das Berichten von kleinen Erlebnissen und Erfahrungen oder das Erörtern von Gedanken vermitteln ihm, dass es mit seiner Meinung ernst genommen wird. Wenn dann in kurzen Phasen die Erwachsenen unter sich ein Gespräch führen, das für das Kind zu schwierig ist und es mit eigenen Gesprächswünschen warten muss, lernt es Rücksichtnahme und die Eingliederung in eine Gemeinschaft. Steht das Kind dagegen immer im Mittelpunkt, um den sich alles dreht, wird ihm nicht angemessen geholfen, sich in Gemeinschaften eine einfühlsame und gleichberechtigte Rolle aufzubauen, eine Fähigkeit, die das Kind nicht nur in seiner Zukunft dringend benötigen wird (siehe Kapitel 6).

Fernsehen während des Essens trägt nicht zum Gefühl der Gemeinsamkeit bei. Alle sehen zwar die gleiche Sendung, aber das bedeutet kein Kontakt miteinander, sondern nur paralleles Schauen und paralleles Wahrnehmen. Fernsehen sollte beim Essen mit Kindern tabu sein, denn es lenkt ab, veranlasst zu gedankenlosem Essen und lässt keine echte Unterhaltung zu. Das Erlebnis von Rhythmus und Gemeinschaft wird durch die Ablenkung der Sendung reduziert oder geht ganz verloren.

Zu Selbstbestimmung in sozialem Zusammenhang hinführen

In den meisten Kindertagesstätten, in denen die Kinder zu Mittag essen, werden die Speisen in Schüsseln auf den Tisch gestellt. Für die Kinder, zumindest für die älteren Kindergartenkinder, wird dadurch Selbstbedienung ermöglicht. Dabei üben die Kinder nicht nur Geschicklichkeit, sondern auch das Einschätzen des eigenen Hungers. Darin liegt eine kleine Planung für die nahe Zukunft (den eigenen Hunger), aber auch das bewusste Teilen. Die Kinder müssen abschätzen, vielleicht fragen, wie viel für jeden vorhanden ist. Manche Speisen müssen begrenzt werden, andere sind reichlich vorhanden. Natürlich muss hierbei noch viel von der Erzieherin – zu Hause von den Eltern – gelenkt und es müssen auch Regeln gesetzt werden, etwa sich zügig zu bedienen, weil sonst die anderen lange warten müssen. Es ist immer besser, sich weniger als zu viel zu nehmen. Selbst in solchen (hoffentlich wenigen!) Fällen, in denen der Rest vielleicht sowieso nicht mehr verwendet worden wäre, bedeutet das Wegwerfen der zu reichlich genommenen Speise für das Kind einen zu großzügigen Umgang mit Nahrung und vermittelt ihm, dass Nahrung keinen großen Wert hat.

Bei Selbstbedienung wird das Kind zudem nicht fremdbestimmt. Es stimmt sein Handeln innerhalb der Gemeinschaft ab. Das ist wieder eine grundlegende Erfahrung für spätere Anforderungen und eine Selbstbestimmung, die das Kind wachsen und stark werden lässt. In Familien werden die Kinder der Schnelligkeit wegen häufig bedient oder vielleicht auch, weil die Mutter ihre liebevoll versorgende Rolle zum Ausdruck bringen will.

Erfahrungen im Anbau von Nahrungspflanzen ermöglichen

Wie Nahrung wächst, lernen viele Kinder heute nur aus Beschreibungen, vielleicht bei Spaziergängen und aus den Medien kennen. Wenn sie das Wachsen von Nahrungspflanzen in seinem langsamen Prozess direkt beobachten oder gar Nahrungspflanzen selbst anbauen können, erleben sie ein wichtiges und beeindruckendes Lern- und Handlungsfeld. Die Wertschätzung von Nahrung steigt durch die Erfahrung des langsamen Wachstums und der damit verbundenen Mühe.

Wenn kein Garten vorhanden ist, kann eine Tomaten- oder Kartoffelpflanze oder anderes Gemüse auch auf dem Balkon gezogen und vom Kind versorgt werden. In einer Schale kann Kresse gesät und schon nach einigen Tagen geerntet werden. (Kresse vermittelt dem Kind allerdings ein ungewöhnlich schnelles Wachstum eines Lebensmittels. In der Natur kommt so ein schnelles Ergebnis sonst kaum vor.) Zuweilen erleben Kinder, dass im Kindergarten in einem Teil des Geländes Nahrungspflanzen wachsen. Sie beteiligen sich bei der Pflege und erfahren, welche Mühe es macht bis Essbares entstanden ist. Leider wird davon nur wenig Gebrauch gemacht. Aus Platzgründen ist in den meisten Kindergärten ein Gartenstück außer vielleicht einer Kräuterschnecke (und wenn möglich einem Komposthaufen) auch gar nicht möglich.

Naturbewusste Eltern betrachten mit den Kindern gezielt das Wachstum der Pflanzenwelt in ihrer Wohnumgebung und bei Spaziergängen. Sie sprechen über das langsame Wachsen von Früchten. Die Pflege und die Mühe, die es kostet, bis Nahrung reif geworden ist und geerntet wird, kann ein Kind durch gelegentliche Beobachtung und Beschreibung allerdings schwer erfassen. Erst die handelnde Beteiligung macht ihm die Zeit, den Arbeitseinsatz und die erforderliche Geduld bewusst. Mühe und Warten machen die Dinge wertvoll. Das schnelle Kaufen mit der angebotenen Fülle in den Märkten veranlasst nicht zur Wahrnehmung des

Abbildung 4.5: An der Pflege einer Tomatenpflanze erfährt das Kind die Mühe, die es macht, und auch das Warten bis Nahrung gewachsen und reif geworden ist.

Arbeitseinsatzes und zur entsprechenden Wertschätzung. Über den eigenen Anbau einer Nahrungspflanze, auch wenn es nur eine Kartoffel im großen Blumentopf auf dem Balkon ist, kommt das Kind ohne erhobenen Zeigefinger dem Wert von Nahrung etwas näher. Zusätzlich übt es sich im Warten und im verlässlichen und geduldigen Pflegen der Pflanze.

5 Spielen ist uns angeboren – Für das Leben spielen wir

Im Spiel setzt sich das Kind lustvoll mit der Welt, die es erlebt, auseinander und erprobt seine wachsenden Fähigkeiten. Ein Kind ist im Spiel in der Lage, die reale Welt durch seine Fantasie und sein Symboldenken so zu verändern, dass sie seinem kindlichen Denken und seinem aktuellen Weltbild entspricht. Dabei übt es äußerst lustbetont insbesondere solche Kompetenzen, die es für die Bewältigung einer ungewissen Zukunft benötigt. Kinder brauchen Spielen nicht zu lernen. Spielen gehört zu ihrer naturgegebenen Entwicklung. Die Fähigkeit des Menschen, sich in der beschützten Kindheit für die späteren Anforderungen des Lebens vorzubereiten und zu trainieren, kommt in keiner anderen Handlungsform so deutlich zum Ausdruck wie im Spiel.

Das Kind bestimmt sein Spiel selbst, aber es braucht Erwachsene, die ihm eine Umwelt bieten, in der es sein Spiel breit entwickeln kann. Es braucht Erwachsene, die es beobachten und fördernd unterstützen. Bei einem ungünstigen Einfluss kann das Spiel beeinträchtigt werden und die Entwicklung des Kindes kann Schaden nehmen.

Alle Kinder durchlaufen eine ähnliche Spielentwicklung, die sich grob in vier unterschiedliche Spielformen unterteilen lässt. Die zuerst auftretende Spielform ist das sogenannte Funktionsspiel, das bereits Säuglinge spielen. Konstruktionsspiel, Rollenspiel und Regelspiel folgen.

Beispiele für unterschiedliche Spielformen:

- In den ersten Spielen erproben der Säugling und das Kleinstkind ihre zunehmenden Fähigkeiten und versuchen die Welt, der sie begegnen, wahrzunehmen und zu erfassen. Diese erste Spielform wird **Funktionsspiel** genannt, weil das Kind darin die Funktionen von Material und seine eigenen Fähigkeiten erkundet und erforscht: Der Säugling greift z.B. nach verlockenden Dingen und schüttelt seine Klapper. Er untersucht Dinge mit seinen Lippen, erzeugt Geräusche, später schiebt, rollt und zieht das Kind Gegenstände, füllt um, lässt fallen, steckt ineinander und türmt aufeinander. Die Eltern reagieren auf das Spiel, verstärken es und schützen das Kind vor Gefahren. Misserfolge spornen zu erneuten Versuchen an. Im starken Wiederholungsdrang verfestigt das Kind seine Erkenntnisse und schult seine Fähigkeiten. Das Kind konstruiert sich sein Bild der Welt und erforscht sich selbst. Der Säugling ist bereits ein hoch motivierter Forscher und Entdecker.

- Im später entstehenden **Konstruktionsspiel** stellt das Kind etwas her: Es baut, etwa mit Sand, mit Bausteinen oder auch mit den Töpfen in der Küche, es malt und formt und gestaltet mit vielfältigem Material. Dadurch wird es selbst zum Schöpfer von Werken. Dieses Bewusstsein, etwas erschaffen zu können, erhöht das Selbstwertgefühl. Der Spieler wird zum Gestalter. Schöpferische Tätigkeiten setzt das Kind nicht nur im Bauen, Malen und Formen um, sondern in allen möglichen weiteren Bereichen wie Singen, Tanzen oder im Umgang mit der Sprache. Eigenständig erfundene Werke vermitteln dem Kind ein höheres Schöpferbewusstsein als das Nachbilden von Vorgaben, zu denen z.B. das Ausmalen von vorgegebenen Bildern oder die Ausführung von Bausätzen gehört.
- Im dritten Lebensjahr beginnt das Kind langsam, im **Symbol- und Rollenspiel** seine Umwelt und sich selbst zu verwandeln: Es imitiert Handlungen, die es bei der Mutter und anderen Bezugspersonen erlebt, es definiert z.B. einen Stuhl als Auto und sich selbst als den Autofahrer. Es versetzt sich in unterschiedliche Rollen, um die Welt aus dieser Sicht heraus zu erkunden. Dadurch werden dem Kind verwirrende Erlebnisse verständlicher. Es benutzt z.B. einen Baustein als Spritze und »impft« Personen in seiner Umwelt, um zu verarbeiten, dass ihm bei seiner Impfung Schmerz zugefügt wurde. Dadurch kann es mit Ängsten und anderen unangenehmen Gefühlen besser umgehen. Zugleich übt es sich darin, Situationen aus unter-

schiedlicher Sicht zu betrachten und zu bewerten. Der Höhepunkt der Rollenspielphase liegt etwa im fünften und sechsten Lebensjahr. Danach spielen die meisten Kinder sie nicht mehr so häufig.

- **Regelspiele** sind die zuletzt entwickelte Spielform. Sie sind fast immer Partner- oder Gruppenspiele. Zu Regelspielen gehören vor allem Karten- und Brettspiele, sportliche Spiele, Spiele im Kreis, wie sie im Kindergarten oder bei Kindergeburtstagen oft gespielt werden. Straßenspiele sind häufig Regelspiele. Regeln müssen nicht vorgegeben sein. Sie können auch vom Spieler oder der Spielgruppe selbst entworfen werden. Diese Spiele vermitteln dem Kind, dass das soziale Zusammenleben auf verbindlichen Vereinbarungen aufbaut und allen Beteiligten gleiche Rechte garantiert. Das Kind lernt, sich an diese Regeln zu halten. Es nimmt die Regeln im Spiel auch sehr ernst.

Diese Spielformen bleiben in entsprechend abgewandelter Form bis ins Erwachsenenalter in unterschiedlicher Ausprägung erhalten und können die Berufswahl beeinflussen.

5.1 Spiel ist unerlässlich für zukunftsnotwendiges Lernen

Wie bereits gesagt bietet das selbst entwickelte Spiel dem Kind wie keine andere Handlungsform die Möglichkeit, sich auf seine Zukunft vorzubereiten, auch und gerade für eine ungewisse und risikoreiche Zukunft. Spiel ist in vieler Hinsicht eine Investition in die Zukunft.

Selbstbestimmt und selbstverantwortlich handeln

Das Kind bestimmt und verantwortet sein Spiel grundsätzlich selbst. Vorschläge, die von außen kommen, von den Erwachsenen oder von Spielpartnern, führen nur dann zu einem echten Spiel, wenn das Kind diese Vorschläge auch aus Interesse und Spiellust annimmt. Wenn das Kind z.B. der Mutter zuliebe ohne eigentliche Spiellust ein Puzzle zusammensetzt, vielleicht weil es dann gelobt wird oder um der Mutter eine Freude zu machen, ist das kein wirklich echtes Spiel, auch dann nicht, wenn das Kind diese Tätigkeit mit Leistungsfreude vornimmt. Allerdings ist es in der Regel sehr leicht, Kinder zu einem Spiel zu motivieren, weil sie ein großes Bedürfnis haben, die Welt spielend zu erforschen und ihre Fähigkeiten lustvoll zu erweitern. Spiel hat zu anderen Tätigkeitsformen fließende Übergänge. Für Außenstehende ist nicht immer zu erkennen, in welcher Motivation das Kind eine Handlung vornimmt.

Das Material für sein Spiel wählt das Kind selbst. Natürlich wird es durch die vorhandenen Angebote dazu angeregt. Es bestimmt auch seinen Spielinhalt und den Verlauf des Spiels. Wenn etwas nicht so klappt, wie es sich das vorgestellt hat, muss es Lösungen suchen und über den weiteren Verlauf entscheiden: Einen neuen Versuch vornehmen? Den Verlauf verändern? Abbrechen? In der Regel gibt ein Kind nicht schnell auf. Es liebt Wiederholungen. Wenn es ermüdet, greift es zu späterer Zeit das Spiel wieder auf. Spielhandlungen werden erst dann uninteressant und langweilig, wenn das Kind in dieser Tätigkeit sicher geworden ist und die Handlung keinen Lernfortschritt mehr bietet oder wenn andere Themen für das Kind wichtiger geworden sind.

Eigene Fähigkeiten erweitern und Risiken eingehen

Da das Spiel lustvoll ist und das Kind sich und seine Welt erforschen will, fühlt es sich motiviert, im Spiel seine Fähigkeiten zu erproben, seine Grenzen auszuloten und wo immer möglich zu erweitern. Es experimentiert und verfolgt sein Ziel hartnäckig. Das ist ein weiterer Grund, warum Spiel eine wichtige Investition in die Zukunft ist: Zielstrebigkeit, Ausdauer und Hartnäckigkeit sind Fähigkeiten, die für die Gestaltung des Lebens und für das Meistern von Hürden wichtig sind. Sie hängen nicht von Begabung ab, sondern sind lernbar und deshalb von allen Kindern zu einem gewissen Maß erreichbar. Besonders reizvoll ist es für das Kind, seine körperliche Belastbarkeit und seine Angstgrenzen auszutesten, etwa möglichst hoch hinaufzuklettern, ein Hindernis zu überwinden, über einen liegenden Baumstamm zu balancieren, einen Hang hinunterzurollen, mit Fahrzeugen schnell zu fahren. Eigene Grenzen auszutasten, bedeutet Risiken einzugehen und Abenteuer zu wagen. Das wirkt spannend und verlockend. Kinder haben einen Abenteuerdrang, der bis in die Jugend anhält, bzw. in der Pubertät noch einmal einen Höhepunkt erreicht. Abenteuererlebnisse können Glücksgefühle vermitteln und

Abbildung 5.1: Die hohe Motivation des Kindes, Fähigkeiten im Spiel auszuloten, zu variieren und dabei Ausdauer zu erproben, kann sich durch Spielpartner noch steigern.

das Kind oder den Jugendlichen die Einmaligkeit des Augenblicks freudig erleben lassen.

Jüngere Kinder, die Gefahren noch nicht einschätzen können, brauchen natürlich Schutz. Ältere Kinder müssen lernen, gesetzte Grenzen zu akzeptieren, etwa bei sportlichen und forschenden Tätigkeiten oder im Verkehr. Kinder, die die Erfahrung machen, dass die Erwachsenen die Grenzen nicht zu eng halten, aber konsequent die Einhaltung ihrer festgelegten Beschränkungen verlangen, werden diese Regeln im Allgemeinen auch akzeptieren. Grenzen vermitteln dem Kind Sicherheit und Schutz. Das Kind kann sich sicher fühlen, kann seinen Mut steigern und seine eigenen Angstgrenzen vorsichtig erweitern. Grenzen können das Kind natürlich auch veranlassen, sich an den gesetzten Einschränkungen zu reiben und deren Belastbarkeit (die Konsequenz des Erwachsenen) auszutasten. Wenn das Kind aber beim Übertreten von Grenzen, die die Eltern setzen, keine Konsequenzen spürt, wird es diese nicht ernst nehmen. Eltern können sich auf das Verhalten des Kindes nicht verlassen. In die Kommunikation schleicht sich Misstrauen ein. Beziehung und Harmonie im Umgang miteinander sind dann gestört.

Sich in unterschiedliche Rollen versetzen

Im Rollenspiel versetzen sich Kinder in andere Rollen. Besonders gern spielen sie Tätigkeiten von Erwachsenen oder auch Tiere. Helden in gesehenen Filmen werden nachgespielt. Dabei erweitern, verändern und differenzieren die Kinder durchaus das Gesehene oder Gehörte in ihren Spielhandlungen. In manchen Rollenspielen spielt das Kind Erlebnisse und Erfahrungen nach, um sich mit der Thematik intensiver auseinanderzusetzen. Oft setzt es sich mit seiner Zukunft auseinander. Es stellt sich im Spiel den Herausforderungen, die das Leben ihm aus seiner kindlichen Sicht möglicherweise bringen wird.

Häufig spielen Kinder – vor allem Jungen – im Kindergartenalter und teilweise noch im Grundschulalter Schießspiele. Ein wesentlicher Grund für das starke Bedürfnis dieser Spiele ist die Unsicherheit der Jungen hinsichtlich ihrer Zukunft als Mann. Sie werden weitgehend von Frauen erzogen, wissen aber, dass sie Männer werden. Ihnen fehlen Identifikationsmodelle. In der Realität erleben sie, dass Männer mächtiger sind als Frauen: Diese Macht äußert sich für sie z.B. darin, dass Männer oft mehr Geld haben, dass ihnen das größere Auto gehört und dass sie meist auch schneller fahren als die Frauen. Männer sind körperlich größer und stärker und sind in kraftvolleren Berufen zu sehen, etwa als Müllmann, Bauarbeiter oder als Pilot. Viele der Jungen haben aber kaum Vorstellungen, wie Männer zu ihrer männlichen Macht kommen, weil sie das Leben von Männern zu wenig erleben. Das verunsichert. Mädchen haben dagegen zahlreiche Vorbilder, wie sie Frauenrollen spielen können. Jungen können den Mann spielen, der ein Auto oder einen Lastwagen fährt und an Baustellen arbeitet, aber dann hört die Vorstellung von Männerrollen schon fast auf.

Das am meisten auffallende Symbol für Macht ist das Schießen, das Kinder in den Medien, zu Fastnacht und im Spiel mit Freunden erleben. Kinder wollen nicht wirklich jemanden töten, wenn sie schießen spielen. Wenn man schießen spielenden Kindern Vorwürfe macht, dass sie in ihrem Spiel Menschen töten, antworten sie meistens, dass sie ja nur spielten. Sie wollen machtvoll sein und

Macht ausprobieren. Deshalb schadet es dem Kind, wenn man ihm Schießspiele verbietet. Man nimmt ihm die Möglichkeit, das Mächtigsein zu erproben. Schießspiele führen das Kind nicht automatisch zu späterem unsozialem oder gewalttätigem Verhalten oder zum Beruf als Soldat. Auch Kriegsdienstverweigerer haben als Kind Schießspiele gespielt. Allerdings ist bei Schießspielen zu sagen: Sobald die Spiele auf der realen Ebene stören oder jemandem schaden, sind für sie ebenso wie für Spiele mit anderem Inhalt Grenzen sinnvoll und notwendig, etwa wenn andere Kinder oder Erwachsene belästigt werden, wenn sich die spielenden Kinder unfair verhalten oder mit Material unsachgemäß umgehen. Die Begründung, weshalb die Erwachsenen dem Spiel eine Grenze setzen, macht den spielenden Kindern deutlich, dass es um die Störung und nicht um den Spielinhalt geht.

Damit Kinder, vor allem Jungen, besser geeignete Identifikationsmöglichkeiten mit dem späteren Mannsein finden, sollten sie möglichst häufig reale Männer erleben können: Männer im Freundeskreis der Eltern, Väter ihrer Freunde, Männer als Berufstätige, Gespräche mit Männern über deren Berufstätigkeit. Das ist insbesondere für diejenigen Jungen notwendig, die bei alleinerziehenden Müttern leben oder aus anderen Gründen wenig mit Männern zusammenkommen.

Geschehnisse aus verschiedener Perspektive betrachten

Wenn das Kind sich in seinem Spiel in die unterschiedlichen Rollen eines Geschehnisses versetzt, lernt es zugleich, Begebenheiten aus verschiedener Perspektive zu betrachten. Einmal spielt es z.B. den Hund, das andere Mal den Hundehalter und danach vielleicht eine Katze, die sich mit dem Hund verträgt oder auch nicht verträgt. Dieser Blick auf ähnliche Handlungen aus verschiedener Perspektive ist auch wieder so eine Fähigkeit, die für das Leben als Erwachsener überaus wichtig ist. Entstehende Probleme müssen in ihrer Breite und mit Nebenwirkungen erkannt werden, um sie zu bearbeiten und um wirksame Lösungen ohne schädliche Folgen zu finden. Da das Kind im Spiel auf einer Als-ob-Ebene handelt, also in der Realität keine Folgen befürchten muss, kann es problemlos experimentieren. Wenn es sich beispielsweise als Hund gegen die grobe Behandlung des Hundehalters wehrt, den der Spielpartner spielt, und ihn symbolisch beißt, ist das kein echtes Beißen und hat in der Realität keine Folgen. Das Kind macht dabei aber die Erfahrung, dass es sich als Hund wehren kann und auch soll, dass es sich als Hundehalter auf die Bedürfnisse des Hundes einstellen muss und dass die Katze andere Erwartungen an den Hund stellt als der Hundehalter.

Abbildung 5.2: Ein paar kleine Äste regen das Kind dazu an, sich in die Handhabung von Feuer zu versetzen.

Unkonventionell denken und improvisieren

Kinder setzen im Spiel ihre Ideen um. Ideenreiche Gedanken sind vor allem bei Konstruktions- und Rollenspielen notwendig und spielvertiefend. Das Kind ist im Spiel Schöpfer von materiellen und geistigen Werken. Dabei können Kinder unkonventionell denken, weil sie noch nicht wie die Erwachsenen an herkömmliche Denkweisen gewöhnt sind. Wo ihnen Wissen oder Material für die Umsetzung einer Idee fehlt, improvisieren sie problemlos.

Beispiele:

- Das zweijährige Kind will der Mutter einen Sandpudding anbieten. Dafür benötigt es keinen Löffel, weil es mit Selbstverständlichkeit erwartet, dass die Mutter so tut, als ob sie einen Löffel hätte.
- Planen Kinder im Kindergarten ein Rollenspiel als Katzen, genügt es, auf allen Vieren zu gehen und hin und wieder Miau zu rufen, um die eigene Rolle als Katze zu symbolisieren. Zugleich versuchen sie aber auch, typische Merkmale der Katze zu erfassen und umzusetzen, etwa das anschmiegsame Verhalten und das Bedürfnis der Katze nach Zärtlichkeit.
- Ein nachgezogener Ast beim Spaziergang wird zum Hund oder zur Kehrmaschine.
- Ältere Kindergartenkinder haben keine Schwierigkeiten, sich komplizierte Spielsituationen und -abläufe auszudenken und sich in der Spielgruppe darüber auszutauschen: »Wir wären jetzt Astronauten und müssten ...« Spielpartner können die Situationen in der Regel sofort aufgreifen und weiterentwickeln.

Dieses unkonventionelle Denken und Improvisieren sind Fähigkeiten von Kindern, um die sie Erwachsene, deren Denken oft in gewohnten Bahnen festgefahren ist, manchmal beneiden. Beispielsweise holen sich Firmen zuweilen Jugendliche von dreizehn, vierzehn Jahren zur Beratung für eine Problemlösung, weil die Jugendlichen sie auf Gedanken bringen können, die den Erwachsenen nicht einfallen. Auch in der Familie können Kinder manchmal bei Problemlösungen helfen, etwa einen verlegten Gegenstand suchen, weil sie eine andere Vorgehensweise haben als die Erwachsenen.

Kooperation erproben und Kompromisse finden

Kinder fühlen sich von Kindern angezogen (siehe Kapitel 6). Das Kind sucht bereits im ersten Jahr die Anregung durch Spielpartner, zunächst durch Blickkontakt und in Berührung, später im Nachahmen und im Nebeneinander-Spielen. Zweijährige Kinder können in einfachen Zusammenhängen kooperieren, durchaus auch auf nonverbaler Ebene. Im Sandkasten schaufelt z.B. ein Kind einen Berg oder gräbt ein Loch. Ein zweites Kind sieht das und schaufelt oder gräbt mit. Deshalb können Kinder auch miteinander spielen, wenn sie sprachlich noch nicht so weit sind oder wenn sie unterschiedliche Sprachen sprechen.

Insbesondere beim gemeinsamen Konstruktionsspiel und beim späteren Rollenspiel planen die Spieler zusammen den Verlauf und sprechen sich bei Veränderungen ab. Im Spiel mit Partnern ergänzen und bereichern sich Kinder gegenseitig. Dadurch kann das Wohlgefühl im Spiel gesteigert werden. Kinder machen die Erfahrung, dass durch Spielpartner die Ideen erweitert werden, dass Ideen einzelner aufgegriffen und ergänzt, aber auch verworfen werden können. Die Kinder verhandeln, schmieden Pläne, entwerfen Rollen, besprechen Wirkungen und erproben die Umsetzung. Diese Fähigkeiten, die sie im Spiel ohne reale Folgen erproben, werden sie später in der Realität benötigen.

Abbildung 5.3: Im Spiel mit Partnern regen Kinder sich gegenseitig an. Dabei müssen sie unterschiedliche Spielwünsche miteinander abstimmen und Kompromisse finden.

Beim Spiel mit Partnern muss das Kind seine Selbstbestimmung zurücknehmen und mit den Spielpartnern Kompromisse finden, etwa wenn Rollenverteilung verhandelt wird, wenn eine Planungsidee abgestimmt werden muss oder wenn ein Partner das Verhalten eines Mitspielers nicht akzeptiert. Im Spiel lernt das Kind deshalb nicht nur, sein Handeln selbst zu bestimmen und Konsequenzen zu tragen, etwa wenn das Bauwerk einstürzt, Mitspieler abspringen oder wenn es beim Regelspiel verliert, sondern auch, sein Handeln auf die Spielgruppe abzustimmen. Zwischen der Durchsetzung eigener Wünsche und der Berücksichtigung der Wünsche von Spielpartnern muss das Kind gangbare Wege finden. Deshalb braucht ein Kind unterschiedliche Spielpartner. Bei dem Spiel mit einer immer gleichen Spielgruppe besteht die Gefahr, dass es in bestimmte Rollen rutscht, aus denen es nicht herausfinden kann, etwa grundsätzlich »Bestimmer« zu sein oder sich zu stark unterzuordnen. Eltern unterstützen die Entwicklung des Kindes, wenn sie das Spiel ihres Kindes mit anderen Kindern nicht nur dem Kindergarten überlassen, sondern ihrem Kind zusätzlich durch Gastkinder, Freundeskreise oder auf Spielplätzen und in Spielstraßen Partner- und Gruppenspiele ermöglichen (siehe dazu auch Kapitel 6).

(Spiel)führung übernehmen

Im Kindergartenalter übernehmen Kinder Spielführung, und zwar durchaus in einer einfühlsamen und kompetenten Weise.

- Ein Beispiel im Kindergarten kann etwa so aussehen: Marie, fast sechs Jahre, betritt den Bewegungsraum. Zwei etwa gleichaltrige Kinder stellen gerade zwei Bänke nebeneinander. Sie rufen Marie und fragen sie, ob sie mitspielen will, denn Marie ist mit ihren Spielideen und den Spielstimmungen, die sie hervorrufen kann, eine beliebte Mitspielerin und Spielführerin. Marie sagt zu und fragt: »Was habt ihr angefangen?« Die beiden berichten, dass sie ein großes Schiff bauen wollen. »O ja«, sagt Marie. »Das Schiff könnte zu einer Insel fahren. Dort gäbe es keine Menschen. Wir müssten die Insel erforschen.« Eins der Kinder schlägt vor. »Wenn es wilde Tiere gibt, brauchen wir Gewehre!« »Ja!« sagt Marie, »Wir brauchen sie aber nur für den Notfall. Die Tiere hätten Angst vor uns. Wir brauchen aber Fotoapparate. Wir wären doch Forscher!« Sie schlägt vor, zuerst Bausteine als Fotoapparate und Stöcke als Gewehre zu suchen. Dabei entdeckt sie Bausteine, die sich als Ferngläser eignen und auch einen Reifen als Steuer. Begeistert beschreibt sie ihre Ideen und fragt, wer der Steuermann sein will. Dann nimmt sie ein symbolisches Fernglas und gibt eins dem weiteren mitspielenden Kind. Die drei besteigen wieder das Schiff und betrachten mit dem Fernglas vor den Augen die Insel. Marie berichtet mit aufgeregter Stimme, welche Tiere sie sieht, und sagt dem Steuermann, an welcher Stelle der Insel er gefahrlos anlegen kann.

Eine gute Spielführung verlangt hohe Fähigkeiten: Eigene und fremde Spielwünsche müssen erfasst, deren Folgen abgeschätzt und Kompromisse gefunden werden. Spielführende Kinder mit hohen Kompetenzen ergreifen Initiative, strahlen Begeisterung aus, bringen beim Abflachen des Spiels neue Ideen ein, können vorgeschlagene Wege begründen und für eine faire Verteilung von Rollen sorgen. Kinder, die Spiel in Kleingruppen gut anführen können, haben Qualitäten erlernt, die sie stark machen und die sie später für eine verantwortliche Mitbestimmung (Partizipation) und für Führungsaufgaben benötigen werden.

5.2 Gesellschaftliche Einflüsse auf das Kinderspiel nutzen oder auch begrenzen

Da das echte Kinderspiel eine selbstbestimmte Tätigkeit *des Kindes* ist und nicht von den Erwachsenen gelenkt wird, besteht die Unterstützung des Spiels vonseiten der Erwachsenen vor allem in einer das Spiel fördernden Gestaltung der Umwelt. Dazu gehören ausreichende Zeit, die dem Kind zur Verfügung gestellt wird, geeignetes Material und breite Möglichkeiten für Spiel mit Partnern und in Gruppen. Das Partner- und Gruppenspiel braucht allerdings gelegentliche Beobachtung und behutsamen pädagogischen Einfluss, damit die Kinder lernen, mit Dominanz sozial ausgewogen umzugehen und einzelne Mitspieler nicht an den Rand zu drängen oder auszuschließen. Die gruppenpädagogischen Aufgaben kommen vorrangig den Erzieherinnen zu, aber auch Eltern beobachten ihr Kind in Spielgruppen, etwa auf dem öffentlichen Spielplatz oder mit eingeladenen Freunden in ihrer Familie. (Auf die gruppenpädagogischen Aspekte wird im Kapitel 6 genauer eingegangen.) Wenn Eltern mit ihrem Kind spielen, ist es sinnvoll, den Spielverlauf nicht zu stark vorzugeben, damit die Kinder selbst entdecken und gestalten können. (Dazu wurde im Kapitel 2 bereits Stellung genommen.) Einen stärkeren mitspielenden Einfluss haben Eltern bei Regelspielen, etwa bei Brett- und Kartenspielen oder auch bei Bewegungsspielen. Diese Spiele müssen erklärt, eingeführt und bei den ersten Durchgängen auch beobachtet und ggf. erneut geklärt werden. Wenn Eltern mitspielen, ist es gut, wenn sie sich weitmöglich gleichberechtigt verhalten. Regelspiele mit vorgegebenen Abläufen sollten nicht zu häufig gespielt werden. Sie dürfen das selbstbestimmte und selbst organisierte Spiel des Kindes nicht verdrängen.

Das heutige gesellschaftliche Leben wirkt fördernd und zugleich auch hemmend auf das Spiel von Kindern. Kritische Erwachsene werden deshalb versuchen, fördernde Einflüsse zu nutzen und hemmende einzugrenzen. Sie werden das Kind zu solchen Spieltätigkeiten anregen und diejenigen Spiele unterstützen, die sie für seine Zukunft als besonders wichtig erachten.

Fördernde Einflüsse nutzen

Spiel wird gesellschaftlich im Allgemeinen als bedeutend und die Entwicklung fördernd angesehen. Selbstbestimmte Spielgestaltung wird den Kindern zugetraut und in der Regel breit ermöglicht. Eltern unterstützen das Spiel ihrer Kinder durch Spielmaterial und meist auch durch Räumlichkeiten, in die sich das Kind zum Spiel zurückziehen kann. Eltern nehmen sich Zeit, um mit dem Kind zu spielen und vermitteln ihm, dass sein Spiel wertgeschätzt wird. Mütter, die in den ersten Jahren ihres Kindes nicht berufstätig sind, treffen sich mit ihren Kleinkindern in Freundeskreisen und Krabbelgruppen und gehen mit ihnen auf Spielplätze, damit die Kinder Kontakte zu Gleichaltrigen aufnehmen können. In Krippen und Kindergärten sorgen die Erzieherinnen für breite Spielanregungen. Dazu gehören vor allem Anreize zu vielseitigen und auch bewegungsreichen Spielen. Kindern wird eine hohe Selbstbestimmung im Spiel zuerkannt, d.h. sie können in der Familie und in den Freispielphasen der Tageseinrichtungen ihr Spiel selbst auswählen, können sich Spielpartner suchen und erhalten breite Anregungen durch die Raumgestaltung, durch das Spielmaterial und die Partnerwahl. Geschehnisse im alltäglichen Leben, Unternehmungen und Medien bieten den Kindern vielseitige Anregungen, ihren Erfahrungsradius zu erweitern, durch Spiel zu vertiefen und sich im Spiel ein wachsendes Bild der Welt zu gestalten.

Hemmende Einflüsse begrenzen

Gesellschaftliche Einflüsse wirken allerdings keineswegs nur fördernd auf das Spiel der Kinder. Die Industrie nutzt jede Gelegenheit, Eltern und berufliche Pädagogen von der hohen Entwicklungsförderung ihrer Produkte zu überzeugen. Die breite Werbung fängt bei Spielmaterial für den Säugling an, umfasst Unmengen von Spielzeug aller Art und schließt eine unüberschaubare Palette von Lernmaterialien für die Schulvorbereitung ein. Oft haben Eltern selbst den Eindruck, dass ihre Kinder viel zu viel an Spielmaterial besitzen, schaffen es aber nicht, dem Kind weniger zu schenken. Noch schwieriger wird es, Verwandte und Freunde davon abzuhalten, das Kind zu beschenken. Viele Eltern lassen sich auch von zu vielen Spiel- und Lernprogrammen für ihre Kinder verlocken. Sie wollen alles tun, was ihr Kind auf eine gute Bewältigung seiner Zukunft vorbereitet. Aber beim Spielmaterial lässt sich sagen: »Weniger ist Mehr«. In Überfülle kann das Kind nur schwer sein Spiel vertiefen. Auch zu viele Vorgaben von mitspielenden Erwachsenen schwächen die Selbstbestimmung und kreative Spielfähigkeit des Kindes.

Insbesondere ist zu beachten:
Vermeidung einer zu hohen **Spielzeugfülle**. Die Menge des Materials lockt zu häufigem Spielwechsel und lenkt von Vertiefung und selbstbestimmten Spielideen ab. Das Kind kann dann Erlebnisse und Erfahrungen nicht mehr intensiv genug symbolisch nachvollziehen, sich nicht breit genug in unterschiedlicher Perspektive erproben und Geschehnisse durchdenken. Es neigt bei Spielzeugfülle schnell dazu, Konfliktlösungen nicht zu suchen und zu bearbeiten, sondern wechselt das Spielmaterial. Das Kind weicht der entstehenden Herausforderung aus und lenkt sich durch ein neues Spiel von einer Problembewältigung ab. Bei einer Überfülle müssen die Kinder auch einen Teil ihres Spielszeugs unbeachtet lassen. Das führt zu geringerer Wertschätzung von Material, auch dann, wenn Kinder zu bestimmten Spielzeugen einen Bezug aufbauen. Sie lieben beispiels-

weise nur eins der vielen vorhandenen Stofftiere. Der restliche Berg dient höchstens zu Dekorationszwecken.

Beispiele für die Wirkung von zu viel Spielmaterial:

- Lorenz, fünf Jahre, besitzt zahlreiche Matchboxautos und unterschiedlichstes Zubehör für Bau- und Rollenspiele mit den kleinen Autos. Sein Freund Ben – an weniger Spielmaterial gewöhnt – ist zu Besuch und ist begeistert. Die Jungen bauen eine breite Spiellandschaft auf. Das kostet Zeit. Als sie endlich zu spielen beginnen wollen, hat Lorenz keine Lust mehr. An anderen Tagen ist es Zeit für Ben, nach Hause zu gehen, wenn der Aufbau beendet ist. Zu Hause berichtet Ben eines Tages, dass ihm der Besuch bei Lorenz keinen Spaß mehr mache, weil er mit Lorenz gar nicht spielen könne, denn sie würden immer nur alles aufbauen.
- Laura, drei Jahre, hat eine Impfung erlebt. Die Eltern haben ihr vorher einen Arztkoffer gekauft, damit sie das Erlebnis spielen und dadurch verarbeiten kann. Laura lässt den Koffer links liegen. Sie holt sich nach der Impfung einen schmalen langen Baustein und »impft« damit die Eltern und den Bruder.

Benötigtes Spielmaterial sucht sich das Kind auch in seiner Umwelt. Es benutzt Material, das nicht von Erwachsenen und der Industrie als Spielzeug erfunden wurde, sogenanntes »Zeug zum Spielen«. Mit diesem Material wird das Kind deutlich zum Schöpfer und Erfinder. Es ist nicht auf die Vorgaben von Erwachsenen angewiesen. Das Material vermittelt Selbstständigkeit und gibt dem Kind ein Gefühl von Stärke.

Beispiele:

- Ein zweijähriges Kind hat stapelbare Töpfe oder Plastikschüsseln in der Küche entdeckt und erprobt, wie sie sich türmen lassen. Ein großer Karton wird zur Höhle, zu einem Schiff oder einem Auto.
- Zwei fünfjährige Kinder spielen vertieft »Schuhgeschäft« mit der Standleiter als Schuhregal und den zahlreichen Schuhen aus dem Schuhschrank.
- Beim Waldspaziergang nutzt der vierjährige Julian die Rast zum Spiel mit Kiefernzapfen. Er verwendet die Zapfen als Kindergartenkinder und ein Rindenstück als Erzieherin.

Kinder und Jugendliche verlassen sich bei viel Material und Animation zu stark auf Konsum und auf Anregungen von außen. Verwöhnte Kinder entwickeln schnell eine überhöhte Anspruchshaltung und erwarten häufig im späteren Leben weiterhin eine gefügige Welt mit Menschen, die ihnen die Realität nach ihren Wünschen zubereiten. Eltern leisten den Kindern dagegen einen guten Dienst, wenn sie das Kind vorhandene unempfindliche Dinge aus dem Haushalt benutzen lassen, von Einkäufen brauchbare Sachen mitbringen, etwa große Kartons, und die Kinder auf Spaziergängen Material aus der Natur wie Stöcke, kleine Steine oder Kastanien sammeln dürfen.

Abbildung 5.4: Kinder können mit Material aus der Umwelt vielfältige Spielideen entwickeln. Kindertagesstätten unterstützen diese Fähigkeiten mit unterschiedlichem Material, das nicht von Erwachsenen und der Industrie zum Spielen vorgegeben wurde.

Manchmal erhalten Kinder **zu viele Vorgaben**. Eltern zeigen dem Kind vorschnell Lösungswege, wenn es bei seinem Spiel nicht gleich weiterkommt. Das Kind muss dann nicht selbst nach Problemlösungen suchen. Eine solche vermeintliche Spielunterstützung bietet dem Kind weniger Möglichkeiten, selbst zu forschen, zu entdecken und Ideen zu entwickeln. Es braucht sich für sein Spiel nicht anzustrengen, die Erwachsenen ebnen ihm jeden Weg. Mangelnde Anstrengung trägt aber nicht zu einer starken Entwicklung bei und bestärkt auch nicht die Spielfähigkeit, sondern führt schnell zu einer Verflachung. Das Kind lernt dann nicht mehr, sich an die vorgefundene Welt anzupassen, weil die Eltern für eine Welt sorgen, die sie dem Kind anpassen. Zudem macht Anstrengung ein Ergebnis wertvoller. Manche Kinder setzen sich zur Wehr und verlangen, dass sie selbst ausprobieren dürfen, etwa den Turm zu bauen, das Puzzle zusammenzusetzen oder mit einem selbst erfundenen Herd Mutter und Kind zu spielen. Andere Kinder strengen sich nicht mehr genügend an, wenn sie zu viele Vorgaben erhalten. Sie erwarten Hilfe, sobald sie an kleine Hürden kommen. Das Spiel verliert seinen Charakter als selbstbestimmte Tätigkeit.

Kinder erleben **ein hohes Angebot von Lernspielen**, d.h. Spiele mit einem gezielten Lernanliegen. Zuordnungsspiele oder Lese- und Rechenspiele beispielsweise regen das Kind in erster Linie zum Schulen von Gedächtnis und dem Erwerb von Wissen und anderen kognitiven Fähigkeiten an. Echtes Spiel hat aber keinen außerhalb des Spiels liegenden Zweck. Diese Spiele sind kein echtes Spiel, sondern lustvolles spielähnliches Lernen. Sie unterstützen deshalb auch nicht in gleicher Weise die Entwicklung des Kindes wie das freie und selbst erfundene Kinderspiel. Gegen lustvolle Lernspiele ist als solches nichts einzuwenden. Mit häufigen Lernspielen wird die echte Spielzeit des Kindes aber eingeschränkt. Da Eltern oft mitspielen, spüren die Kinder bei dieser Spielform die Nähe zu den Eltern und erleben lustvoll die Spielfreude der Erwachsenen. Eltern nehmen die dadurch gezeigte Leistungsfreude des Kindes wahr und fühlen sich in der Spielauswahl bestätigt. Viele Erwachsene beurteilen zudem das wirkliche Spiel leider lediglich als Erholung und Entspannung und erkennen seinen hohen Bildungswert nicht. Sie merken nicht, dass Lernspiele nicht den gleichen Bildungswert haben oder sie schätzen den Bildungswert der Lernspiele höher ein als die Fähigkeiten, die das Kind

Abbildung 5.5: Was mit diesen Papierschiffchen wohl passiert? Wenn Tagesstätten zu Spiel mit forschender Auseinandersetzung anregen, bedeutet das für die Kinder Erkundung der Welt und eine echte Kommunikation, weil in Spielen mit forschendem Charakter Mitteilungsbedürfnisse geweckt werden.

im freien Spiel schult. Lernspiele sollten wegen ihrer Einseitigkeit nur zeitlich begrenzt eingesetzt werden.

Viele Kinder erleben eine häufige **Zerstückelung der Spielzeit.** Zahlreiche Eltern bringen ihre Kinder zu den verschiedenen Institutionen, in denen sie von Fachpersonal in unterschiedlichen Entwicklungsbereichen angeleitet werden: Turnverein, Musikunterricht, Ballett, Werken, manchmal Sprachunterricht und vieles mehr. Bei häufiger Teilnahme an solchen Programmen sieht das älter werdende Kind das selbst gestaltete Spiel fast nur noch als Pausenfüller an. Es bewertet die gelenkten und bezahlten Stunden als wichtiger. Sein echtes Spiel wird ihm (und den Eltern) unbedeutend. Außerdem kann das Kind selbstbestimmtes Spiel in Zeitbegrenzung nur sehr bedingt umsetzen und Vertiefung kaum erreichen. Das Spiel wird weniger lustvoll.

6 Der Mensch braucht Zugehörigkeit und Freundschaft – Ich erkenne mich im Du

Der Mensch braucht das Gefühl von Zugehörigkeit zu Gruppen und zu einzelnen Menschen, nicht nur der Erwachsene, sondern auch das Kind. Kinder benötigen für ihre Entwicklung den Umgang mit Gleich- und Ähnlichaltrigen, insbesondere Kinder ohne Geschwister. Erwachsene können Peers nicht ersetzen, weil sie in einer anderen Beziehung zu Kindern stehen als Gleichaltrige und weil sie anders denken und sich anders verhalten. Ohne Gruppenbezug und ohne Kontakt mit unterschiedlichen Gleichaltrigen fehlt dem Kind der Spiegel, um die Wirkung seines Verhaltens im Zusammenhang mit Gleichaltrigen zu erkennen, sich mit Peers gegenseitig anzuregen, sich in Gruppen Gleich- und Ähnlichaltriger bewegen zu können und sich dabei wohlzufühlen.

Eine Gruppe oder eine Freundschaft sind allerdings *nicht grundsätzlich* förderlich für die Entwicklung eines Kindes. Gruppen oder einzelne Kinder können auch Druck ausüben. Wenn die Erwachsenen das Kind in seinen Beziehungen vorsichtig beobachten und sensibel begleiten, werden sie ungünstige Einflüsse, die von den Peers oder dem Kind selbst ausgehen, behutsam beeinflussen oder dem Kind anderweitig helfen, negative Wirkungen zu reduzieren.

Eltern bekommen nicht immer mit, wie ihr Kind in Gruppen zurechtkommt oder wie sein Spiel mit Gleichaltrigen verläuft. Es ist deshalb für sie wichtig, sich bei den Betreuungspersonen ihres Kindes in Tageseinrichtungen und anderen Gruppen nach dem sozialen Zusammenleben und dem Verhalten ihres Kindes zu erkundigen und die Arbeit der beruflichen Pädagogen zu unterstützen. Außerdem werden sie auch mit dem Kind über sein Wohlgefühl in Gruppen und im Kontakt mit Freunden sprechen und das Kind in seiner Beziehungsgestaltung begleiten.

Beispiele für das Interesse des Kindes an Peers und die Notwendigkeit seiner Standortsuche in Gruppen:

- Ein Säugling kann zwischen Erwachsenen und Kindern unterscheiden. Beispielsweise haben kleine Kinder im sogenannten Fremdelalter, wenn sie anfangen auf fremde Menschen zurückhaltend und ängstlich zu reagieren und anhänglicher gegenüber den Betreuungspersonen werden, in der Regel weniger Angst vor fremden Kindern als vor fremden Erwachsenen. Sie nehmen meist auch freudiger und sicherer Kontakt mit fremden Kindern auf als mit unbekannten Erwachsenen.
- Daniela Kobelt Neuhaus, Heilpädagogin, beschreibt das starke gegenseitige Interesse von Kindern im zweiten Lebensjahr: »Es sind Beziehungen, in denen niemand von vornherein dominiert, die Situation kontrolliert, extrem kompetenter oder mächtiger ist. Der Ausgang im Wechselspiel von Geben und Nehmen in der Peergroup ist offen. Je altershomogener und freundschaftlicher die Umgebung, desto mutiger experimentieren Kinder in der Auseinandersetzung mit sich und der Umwelt und desto größer ist die Chance, dass sie ihr Potenzial an sozialen Kompetenzen voll ausschöpfen können. […] Die gemeinsamen Interessen am gleichen Gegenstand verlangen Kräftemessen und Aushandeln. Kinder finden die verschiedensten Möglichkeiten, Konflikte für sich gewinnbringend zu lösen: weinen, toben, zerren am Objekt, hauen, kratzen oder beißen. Ältere Kinder versuchen, mit Ersatzangeboten zu bestechen oder abzulenken. Selten gehen sie aus dem Feld, denn das ist langweilig und führt zur Unterbrechung der spannenden sozialen Interaktion.« (Kobelt Neuhaus 2005, S. 12 f.).
- Die gleiche Verfasserin beschreibt an anderer Stelle: »Schon zweijährige Kinder haben in bestehenden Gruppen soziale Regeln entwickelt, die ihrem Gerechtigkeitsgefühl und ihrem Können angemessen sind, z.B. gilt nicht unbedingt das Recht des Stärkeren, sondern das Recht des früheren Besitzes. Je mehr Gruppenerfahrung Kinder haben, desto seltener akzeptieren sie die Lösungen Erwachsener, die sich einmischen. Kaum sind diese weg, machen die Kinder in ihrem Konflikt da weiter, wo sie von Erwachsenen unterbrochen wurden.« (Kobelt Neuhaus 2005, S. 15).

- Dennis, vier Jahre, besucht seit einem halben Jahr den Kindergarten. Er ist Einzelkind. Obwohl sich die Eltern am Wochenende viel um ihn kümmern, bedauert er, dass an diesen beiden Tagen der Kindergarten geschlossen ist. Wenn die Mutter mit ihm auf einen öffentlichen Spielplatz geht, läuft er sofort an diejenigen Geräte, an denen bereits Kinder spielen. Es macht ihm auch nichts aus, wenn er sich an einer Warteschlange anstellen muss. Dabei achtet er allerdings darauf, dass sich keiner vordrängt.
- Frau Weber kommt nachdenklich aus einem Gespräch mit der Erzieherin im Kindergarten ihrer fünfjährigen Tochter Melanie. Die Erzieherin hat ihr berichtet, dass Melanie sich für ihr Spiel im Kindergarten fast ausschließlich jüngere Kinder sucht und in den gemeinsamen Spielen dann die führende Rolle übernimmt. Wenn die Erzieherin für ein angeleitetes Spiel Melanie in eine Gruppe älterer Kinder integriert, wirkt sie lustlos. Melanie kann zornig werden, wenn andere Kinder etwas besser können als sie. Wenn andere einen Handlungsvorschlag machen, lehnt Melanie diesen Vorschlag oft ab oder verweigert ihr Mittun.

  Die Erzieherin vermutet, dass Melanie als Einzelkind wenig Unterordnung erfährt und dass sie ihr Selbstwertgefühl zu stark am Lob ihrer Leistungen aufbaut. Misserfolge im Vergleich mit anderen oder Unterordnung unter die Führung von Peers kann sie nicht ertragen, weil sie wahrscheinlich Unterordnung oder Verlieren als Unfähigkeit wertet. Die Erzieherin rät der Mutter, Melanie im Alltag nicht zu stark bestimmen zu lassen, sondern ihr deutlich zu machen, dass die Eltern auch Wünsche und Rechte haben. Außerdem sei es hilfreich, Melanie zu vermitteln, dass sie als Person und nicht wegen ihrer Leistungen geliebt wird. Wenn sie selbst – die Mutter – mit Melanie Regelspiele spielt, soll sie Melanie auch verlieren lassen und ihr zeigen, dass sie als Verliererin ebenso geliebt ist wie als Gewinnerin.

6.1 Im Zusammenleben mit Gleichaltrigen erprobt das Kind zukunftswichtige Fähigkeiten

An erster Stelle steht für die Entwicklung des Sicherheits- und Zugehörigkeitsgefühls die stabile Beziehung zu den erwachsenen Bezugspersonen, den Eltern, der Tagesmutter, den Erzieherinnen in der Krippe und im Kindergarten. In der Bindungssicherheit zu den Erwachsenen können Kinder vertrauensvoll auf Gruppen zugehen und ihre Standortfindung innerhalb von Gruppen gestalten. Der Umgang mit Gruppenmitgliedern und das Suchen nach einem angenehmen eigenen Standort in den jeweiligen Bezugsgruppen ist ein verlockender, aber zugleich schwieriger Prozess für Kinder. Sie müssen einen Weg auspendeln zwischen zwei Bedürfnissen, die konträr sein können: der Suche nach Anerkennung in der Gruppe und dem Durchsetzen eigener Wünsche und Rechte. Die Zugehörigkeit, Anerkennung und Sicherheit in Gruppen und in der Beziehung zu einzelnen Peers mit erstem Erproben von Freundschaften ist neben der Bindungssicherheit zu den erwachsenen Bezugspersonen das zweite Standbein, um sich selbst zu erkennen und ein stabiles Selbstwertgefühl mit hoher Lebensfreude aufzubauen.

Die Notwendigkeit der Zugehörigkeit zu Gruppen

Der Mensch lebt nicht für sich allein. Er ist ein soziales Wesen und braucht die Zugehörigkeit zu Gruppen und die Sicherheit innerhalb von Gruppen. Das Bedürfnis des Menschen nach Zugehörigkeit und Anerkennung in Gruppen formuliert Irene Klein, Pädagogin und Fortbildnerin, so: »Menschen sind so angelegt, dass sie einander zu ihrem Mensch-Werden brauchen. Sie stehen so eng miteinander im Zusammenhang, dass einer aus der Zuwendung des anderen lebt. Ich brauche die Anerkennung von anderen und die Zugehörigkeit zu anderen, um zu leben. Menschen haben ein Grundbedürfnis nach Anerkennung und Zugehörigkeit. […] Es ist wichtig zu wissen, dass dieses Grundbedürfnis zum Menschen gehört und das ganze Leben über besteht. Es drückt sich auch später aus in der Suche nach Bestätigung durch andere, in der Sehnsucht nach Zugehörigkeit zu anderen, im Wunsch nach akzeptiert werden. Wenn andere mit mir einverstanden sind, kann ich selbst leichter mit mir einverstanden sein. Wenn andere mich wertvoll und wichtig finden, kann ich leichter an mich glauben. Kein Mensch kann wohl am Bewusstsein seines eigenen Wertes festhalten, wenn er nicht durch andere bestätigt wird.‹ (Klein 1992, S. 20 ff.).

Der Mensch ist das ganze Leben in verschiedene Gruppen eingebunden: Familie, Spielgruppen, Kindergarten, Schule, Freundeskreise, Jugendgruppen, Nachbarschaft, Arbeitsteams, Hobbygruppen. Die Bindung an diese Gruppen kann locker, auf bestimmte Zeiten bezogen oder auch anhaltend und intensiv sein. Die Rolle, die der Einzelne in diesen Gruppen einnimmt, ist sehr unterschiedlich. Er kann sich voll verantwortlich oder für Teilbereiche kompetent und zuständig fühlen, kann Führung übernehmen oder auch nur Mitläufer sein. Das grundlegende Wohlgefühl des Menschen wird von der Anerkennung, der Sicherheit und Zugehörigkeit stark geprägt, die er in den Gruppen erfährt, in denen er lebt und handelt.

Die Bedeutung des Wohlgefühls in Gruppen für die Bewältigung der Zukunft

Das gesellschaftliche wirtschaftliche Wachstum in der bisherigen Form ist so nicht fortsetzbar. Konsum und Produktion von Waren müssen (vor allem in den Industrieländern) reduziert werden, denn in einer endlichen Welt führt unendliches Wachstum zum Zusammenbruch. Solange die Menschen ihr Wohlgefühl weitgehend von Konsum und von materiellem Besitz ableiten, ist eine Veränderung des wirtschaftlichen Systems in Richtung reduzierter Produktion schwer durchführbar, weil die Menschen, um sich wohlzufühlen, am Konsum festhalten. Zurzeit ist das Wachstum so stark in unserem Wirtschaftssystem verankert, dass Waren bewusst für begrenzte Lebensdauer produziert werden. Langlebige Waren würden den Absatzmarkt nicht steigern.

Wohlstand, d.h. das Gefühl von Lebensqualität und Wohlgefühl, ist allerdings nicht mit materiellem Einkommen gleichzusetzen. Menschen, die in Ländern mit durchschnittlich weit geringerem Einkommen und Konsum leben, geben ihre Selbstwahrnehmung oft mit einem deutlich höheren Wohlstandsgefühl an als Menschen in finanziell reichen Ländern. Menschen leiten ihre Zufriedenheit eben nicht nur von materiellen Werten ab. Es gibt auch andere Werte, die zum Gefühl von Wohlstand im Sinne von Wohlgefühl beitragen. Dazu gehören insbesondere soziales Eingebundensein und positive soziale Erfahrungen. Voraussetzung ist allerdings, dass die materiellen *Grund*bedürfnisse wie Nahrung, Wasser, Bekleidung, ein Dach über dem Kopf, Bildung und gesellschaftliche Teilhabe sicher und angstfrei befriedigt werden können. Menschen, die wenig besitzen, sich aber in Gruppen wohl fühlen und sich motiviert in Gruppen engagieren, schätzen ihren Wohlstand höher ein als Menschen, denen diese positiven sozialen Erfahrungen fehlen.

Um bei der Bevölkerung die Akzeptanz einer Produktionsschrumpfung zu erreichen, wird zurzeit in verschiedenen Wissenschaften geforscht, in welchen Bereichen Menschen Daseinsfreude gewinnen und wie das Gefühl von Wohlstand und Wohlgefühl ohne Produktionswachstum gesteigert werden könnte. Im Rahmen dieser Forschung wird deutlich, dass hoher materieller *Unterschied* in einer Gesellschaft die Menschen unzufriedener macht als eine gleichförmigere Reichtumsverteilung. Eine stärkere finanzielle Gleichheit in einer Gesellschaft kann demnach zu einer höheren Zufriedenheit beitragen. Zudem wurde deutlich: Bei einem hohen Einkommen nimmt das Wohlgefühl bei Einkommenszunahme kaum mehr zu. Warum auch, wenn man sowieso schon alle Wünsche erfüllen kann. Wenn der Mensch seine Zufriedenheit weitgehend aus finanziellen Werten ableitet, scheint sich sein Wohlgefühl zu verringern. Einsamkeitsgefühle, Depressionen und Hoffnungslosigkeit nehmen insbesondere in den Industrieländern zu (Jackson 2011, S. 150 ff., & Wilkenson 2009). Es scheint also überaus wichtig zu sein, dass der Mensch sich in Gruppen eingebunden fühlt und Zufriedenheit aus seinen sozialen Beziehungen gewinnt, nicht nur, um dadurch materielle Befriedigungen reduzieren zu können, sondern auch, um sich grundsätzlich wohlzufühlen.

Die soziale Entwicklung des Kindes und die durchdachte Unterstützung seiner Gruppenbeziehungen haben deshalb auch aus diesem Grund eine hohe Bedeutung für das Starkwerden der Kinder. Die Zukunft braucht Menschen, die breite soziale Beziehungen leben und daraus ein hohes Wohlgefühl erlangen. In der frühen Kindheit werden mit ersten Beziehungen zu Spielpartnern und dem beginnenden Einleben in Gruppen diesbezüglich Weichen gestellt, und zwar sowohl Weichen für das eigene Wohlgefühl in Gruppen als auch für die Befähigung, Beziehungen zu beeinflussen und zu gestalten.

Beziehungsgestaltung als wichtiger Entwicklungsbereich des Kindes

Kinder gehen mit einer auffallend hohen Motivation auf einzelne Kinder und auf Gruppen zu. Soziale Bedürfnisse und die Entwicklung sozialer Fähigkeiten gehören zu ihrer naturgegebenen Entfaltung. Ähnlich wie das Kind entwicklungsbedingt spielt und spielen muss, weil Spiel seine beste Vorbereitung auf die Bewältigung einer unbekannten Zukunft ist, sucht es den Kontakt mit Gleich- und Ähnlichaltrigen. Das Kind wird von Peers geradezu angezogen. Es benötigt das Zusammensein, um sich gesund und ausgewogen zu entwickeln. Die Gestaltung der Kontakte mit anderen Kindern bestimmt es nicht allein, so wie es sein Spiel selbst bestimmt, denn die Spielpartner bringen ihre Wünsche ebenfalls ein. Das bedeutet, im Zusammensein mit Kindern muss das einzelne Kind sich auf ein Gegenüber einstellen und sein Handeln mit den Wünschen der anderen abstimmen. Das verlangt neue Formen von Lernen und kann andere Enttäuschungen bringen als wenn beim Spiel mit Material etwas nicht funktioniert. Kinder experimentieren mit der Durchsetzung eigener Wünsche und der Unterordnung unter die Vorstellungen der anderen. Sie suchen und erproben Kompromisse für eine angemessene Mitbestimmung. Das ist ein faszinierendes Lernfeld, das dem Kind neue Herausforderungen bietet. Das Zusammenleben mit Peers steigert die Daseinsfreude des Kindes und vermittelt ihm wachsende Kompetenz, wenn der Weg auch Schwierigkeiten bringt, weil das Kind Misserfolge und Frustrationen einstecken muss. Der Prozess birgt Hürden und benötigt deshalb eine einfühlsame Begleitung von den erwachsenen Bezugspersonen.

Unterschiedlicher Einfluss von Gruppen auf die Gruppenmitglieder

Das Wohlgefühl, das wir in Gruppen empfinden, hängt in weitem Maß von der Rückmeldung ab, die wir von Mitmenschen erhalten. Wenn Kinder – auch Erwachsene – sich in einer Gruppe anerkannt, sicher und zugehörig fühlen, blühen sie auf. Sie brauchen nicht ängstlich besorgt zu sein, dass sie durch ein Verhalten Ablehnung hervorrufen. Sie können riskieren, weil sie spüren, dass sie auch bei einem Verhalten, das die Gruppe ablehnt, als Person anerkannt bleiben. Allerdings ist erreichte Sicherheit nichts Feststehendes. Daran muss das Gruppenmitglied kontinuierlich arbeiten.

Gruppen, in denen das Kind aufwächst, haben einen hohen Einfluss auf seine Entwicklung. Sie wirken auf den Einzelnen allerdings (wie oben angedeutet) nicht grundsätzlich gut. Es kommt auf den Einfluss an, der von der Gruppe ausgeht, und auch auf die Fähigkeit des jeweiligen Kindes, sich an die Gruppenregeln zu halten, mit Konflikten umzugehen und Kompromisse zu finden, damit es einen anerkannten und auch mitbestimmenden Standort in der Gruppe erreicht. Da Kinder ein großes Bedürfnis nach Gruppenzugehörigkeit haben, zeigen sie eine hohe Bereitschaft sich anzupassen, um nicht ausgeschlossen zu werden. Das kann gut für sie sein, etwa wenn das Zusammenleben in der Gruppe das egozentrische Verhalten eines Kindes abschleift und das Kind zu sozialem Denken und Handeln veranlasst. Die Anpassung kann aber auch bedeuten, dass das Kind unter Gruppendruck gesetzt wird und sich nicht seiner eigenen Entwicklung gemäß entfalten kann.

Wenn Kinder innerhalb der Gruppe eine bestimmte Rolle entwickeln, etwa wenn sie führende oder ausgleichende Funktionen übernehmen, Clowns oder Außenseiter werden oder gefügige Mitläufer, dann gewöhnen sich die Gruppe und auch das entsprechende Gruppenmitglied an diese Rolle. Das kann bedeuten, dass die Gruppe das positive oder auch fragwürdige Verhalten erwartet und verstärkt. Das betroffene Kind kann sich an diese Rolle gewöhnen und sie in nächste Gruppen »mitnehmen«, weil es dort unbemerkt wieder ein gleiches Gruppenverhalten erwartet. Kinder geraten dann in einer neuen Gruppe mit einer völlig anderen Gruppenzusammensetzung wieder in eine ähnliche entwicklungsfördernde oder auch entwicklungshemmende Rolle.

Umgang mit Kooperation, Konkurrenz, Dominanz und Selbstbehauptung während der frühen Kindheit

Schon vor dem Alter von zwei Jahren ist das Kind fähig, einfache kooperative Spiele zu spielen, etwa gemeinsam einen Wagen zu ziehen oder sich gegenseitig nachzulaufen. Die Zuordnung zu Mein und Dein kann ein zweijähriges Kind meist noch nicht sicher bewältigen. Beim Spiel im Sandkasten etwa nimmt es die Sandschaufel eines anderen Kindes. Viele Kinder verteidigen aber bereits den eigenen Besitz. Andere benötigen Hilfe: »Das ist deine Schaufel, Julian, hole sie dir zurück!«. Und vielleicht fügt die Mutter hinzu: »Julian, kannst du Fatima etwas anderes abgeben, etwas, was du jetzt nicht brauchst?« Später im Kindergartenalter entwickeln Kinder schnell eine strenge Klarstellung zwischen Mein und Dein. Entsprechende Regeln müssen vom einzelnen Gruppenmitglied allerdings gelernt werden, etwa: Wer sich im Kindergarten ein Spielmaterial geholt hat, »besitzt« es und bestimmt darüber bis er oder sie das Spiel beendet und aufräumt oder es weitergibt.

Abbildung 6.1: Kinder benötigen nicht nur Harmonie im Kontakt mit Spielpartnern. Sie müssen sich auch reiben, um eigene Rechte zu erkennen und durchzusetzen.

Während zweijährige Kinder noch kurzfristig zusammen spielen und sich spontan anregen lassen, beginnen Kinder mit drei Jahren langsam, mit Partnern und später in kleinen Gruppen Spiele zu planen. Sie bestimmen z.B. wer mitspielen darf, wie ein Spielmaterial verwendet oder ein kleines Bauwerk gebaut werden soll. Sie fangen an, bestimmte Kinder für das gemeinsame Spiel zu bevorzugen und sie zum Zusammenspiel zu bewegen. Sobald Kinder mit Rollenspielen beginnen, bedeuten bestimmte Rollen zugleich »Bestimmer« zu sein, etwa die Mutter beim Familienspiel (selten der Vater), beim Zoospiel der Wärter, beim Schiffspiel der Kapitän. Spielführung führt bei gemeinsamen Konstruktions- und Rollenspielen leicht zu Konflikten zwischen unterschiedlichen Spielvorschlägen oder Rollenwünschen. Meist ist der Wunsch, gemeinsam zu spielen, aber so stark, dass die Spieler nach brauchbaren Kompromissen suchen oder einer der Mitspieler nachgibt.

Bei vielen Regelspielen wechselt die lenkende Rolle bei jedem neuen Durchgang ab, etwa bei Spielen im Kreis. Dadurch bieten die Spiele selbst bereits Möglichkeiten, Spielführung zu übernehmen und sie zu üben. Wenn Spielverlierer in der nächsten Runde die Führungsrolle erhalten, wird dem Kind der Umgang mit Kooperation und Konkurrenz erleichtert. Trotzdem benötigen Kinder Beobachtung und ggf. Hilfe, damit sie sich weder in reine Unterordnung drängen lassen noch die Dominanz zu stark übernehmen.

Kinder, die ein gutes Vorbild von Erwachsenen erleben, können zuweilen bereits im Kindergartenalter ungerechtfertigte Rollen in ihren Spielen oder im Gruppenleben erkennen und in der Gruppe problematisieren. Das kann z.B. so aussehen: Vier fünfjährige Kinder und die dreijährige Lucy spielen Fangen. Lucy wird als erste gefangen. Es gelingt ihr aber nicht, jemanden zu fangen. Pedro, fünf Jahre, lässt sich absichtlich fangen und erklärt der Gruppe, dass Lucy weiterhin mitspielt, jetzt aber nicht mehr gefangen werden darf, weil sie zu klein ist und deshalb noch zu langsam läuft.

Bei älteren Kindergartenkindern führen Gewinnspiele oft zu Enttäuschungen und Konflikten. Manche Kinder verkraften es schwer, wenn sie verlieren. Manchmal hoffen Erzieherinnen oder Eltern, dass ein Kind, das schlecht verlieren kann, durch Üben und häufige Erfahrung das Verlieren leichter annimmt, etwa wenn es merkt, dass es als Verlierer genauso geliebt wird wie als Gewinner. Die Ursache für eine unverhältnismäßig große Enttäuschung oder für Zorn beim Verlieren kann in schwachem Selbstwertgefühl liegen. Übung macht deshalb in diesem Fall nicht den Meister, weil das Kind sich möglicherweise seine Leistungsschwäche durch häufiges Verlieren immer wieder bestätigt. Positive Bestätigungen bei den Stärken des Kindes können eher helfen, Misserfolge und Versagensängste weniger belastend zu empfinden. Wenn Eltern ihr Kind aber beim gemeinsamen Spiel zu häufig gewinnen lassen, kann das Kind nur schwer ein realistisches Verhältnis zum Verlieren und Gewinnen entwickeln. Kinder durchschauen oft auch nicht, wieweit der Zufall beim Gewinnen mitspielt.

Kindertageseinrichtungen als Übungsfeld für Gruppenerfahrungen

In den Tageseinrichtungen spielen die Kinder vor allem während des Freispiels (drinnen und draußen) in wechselnden Kleingruppen. Sie genießen die Anregungen durch Spielpartner. Dabei erproben sie unterschiedliche Beiträge und Positionen. Sie experimentieren mit Kooperation und der Durchsetzung eigener Wünsche. Als Zwei- und Dreijährige ordnen sie sich den Spielanregungen älterer Kinder meist unter und profitieren von den Spielideen der Gruppenmitglieder. Jedes Jahr im Sommer verlässt ein Teil der Kinder den Kindergarten. Jüngere Kinder rücken nach. Diese jährlich sich verändernde Zusammensetzung der Gruppe trägt dazu bei, dass die Kinder in unterschiedliche Rollen innerhalb der Gesamtgruppe hineinwachsen und sie erproben können. Deshalb sind die Gruppenerfahrungen in der Kindergartenzeit für den weiteren Prozess der Rollenfindung und des Zusammenlebens in Gruppen für ein Kind überaus bedeutsam. Hier kann experimentiert werden und es werden Weichen gestellt.

Im Freispiel in der Tagesstätte suchen sich die Kinder meist Spielpartner oder ordnen sich einer kleinen Spielgruppe zu. Diese Zuordnung können sie im Laufe der Freispielphase jederzeit wechseln. Durch diese wechselnde Zugehörigkeit zu kleinen überschaubaren Spielgruppen bietet die Tagesstätte ein gutes Experimentierfeld für die Rollenfindung und den eigenen Beitrag in die jeweilige Spielgruppe. Dabei hat das Kind die Möglichkeit, unterschiedliche Rollen in diesen Gruppen einzunehmen und zu erproben. Misserfolge und erfahrene Frustrationen kann es in einer anderen Kleingruppe aufarbeiten und erfolgreichere Handlungsformen suchen. Auf diese Weise kann das Kind seine Gruppenerfahrungen in Ansätzen steuern und seine Entwicklung voran bringen. Die unterschiedlichen Kleingruppen bieten dem einzelnen Kind die Möglichkeit, eine Gruppe zu finden, in der es sich den Anforderungen anpassen und sich zugleich in seiner Individualität verwirklichen kann. Natürlich gibt es auch Kinder, die – aus unterschiedlichsten Gründen – ungünstig auf Gruppenprozesse wirken, etwa durch eine zu starke Dominanz oder eine geringe Frustrationstoleranz. Wenn ein Kind häufige Ablehnung erfährt, benötigt es Hilfe von Seiten der Erwachsenen. Erzieherinnen und andere Gruppenbetreuer haben in ihrer Gruppenlenkung eine verantwortliche und überaus differenzierte gruppenpädagogische Aufgabe.

Abbildung 6.2: Erzieherinnen legen Wert darauf, dass Kinder im Kindergarten möglichst häufig die Erfahrung machen, in Spielgruppen anerkannt zu sein und sich zugehörig und sicher zu fühlen.

In den letzten beiden Jahren vor dem Schulbeginn spielen manche Kinder bereits in unbetreuten Gruppen, etwa Nachbarschafts-Spielgruppen. Dort müssen sie noch selbstbestimmter und unabhängiger ihre Rolle in der Gruppe finden als im Kindergarten. Wenn die Gruppenzusammensetzung ungünstig ist, kann es einem Kind schwer fallen, einen angemessenen Standort zu finden. Es kann z.B.

in eine Randrolle gedrängt werden, aus der es ohne Hilfe nicht herauskommt. In der Regel werden aber Eltern oder andere Bezugpersonen bei Kindern in diesem Alter die Spielgruppe im Blick haben.

Kinderfreundschaften in ihrer Bedeutung für die Entwicklung des Kindes

Kinder erproben und entwickeln bereits im Kindergartenalter Freundschaften zu einzelnen gleich- und ähnlichaltrigen Jungen und Mädchen. Freunde zu haben – auch wenn diese Freundschaften oft noch nicht stabil sind –, stärkt das Kind und bedeutet neben der Gruppenzugehörigkeit eine weitere wichtige Entwicklungsunterstützung für das Kind. Eine Freundin oder ein Freund ist mehr als ein Spielkamerad. Unter Freunden entwickeln sich intensivere Beziehungen. Gute Freundschaften vermitteln Kindern ebenso wie die Bindung zu Erwachsenen ein Gefühl von emotionaler Nähe und Sicherheit. Aus dieser Sicherheit und der Anerkennung, die das Kind erhält und auch gibt, wachsen Ichstärke und Selbstwertgefühl. Freunde können einem Kind in manchen Situationen besser helfen als Erwachsene, weil Freunde in einer gleichwertigen Beziehung zueinander stehen. Sie können ein anderes Verständnis füreinander aufbringen als Erwachsene zum Kind. Erwachsene müssen in ihrer Erziehungs- und Schutzfunktion Grenzen setzen. In solchen Situationen entsteht notgedrungen eine vorübergehende Distanz vom Kind zum Erwachsenen. Freunde empfinden ähnlich und können Verständnis und Nähe signalisieren und dadurch helfen, Frustrationen zu verkraften.

Freundschaften, insbesondere selbst gewählte Freundschaften, sind ein deutlicher Schritt in die Selbstständigkeit, denn sie sind meist Ich-Leistungen des Kindes. Mit ihrem emotionalen Schwerpunkt betonen Freundschaften das Sein stärker als das Haben. Das nehmen Kinder auch durchaus wahr, denn sie haben ein Gespür für emotionales Geben und Nehmen. Für die Bewältigung der Zukunft und schon allein für eine gute Bewältigung der Pubertät können bereichernde stabile Freundschaften gar nicht hoch genug eingeschätzt werden. Kinder, die Freundschaften als gleichzeitig Gebende und Nehmende erlebten – auch dann, wenn manche der Freundschaften nicht bleibend waren – haben eine gute Basis, emotionale Werte und verlässliche Nähe hoch einzuschätzen und darin Kraft für Bewährungsproben zu finden.

Kinder, die sich in Freundschaften eingebunden fühlen, sind nachweislich im Durchschnitt kooperativer, altruistischer, geselliger, selbstbewusster und weniger einsam. Das bedeutet, dass sie aus der Freundschaft nicht nur für sich selbst profitieren, sondern auch in Gruppen aufbauender wirken als Kinder ohne Freundschaften. Allerdings scheint das ein »Was-war-zuerst-Problem« zu sein: Beeinflusst die Freundschaft das Gruppengefühl und das Verhalten in der Gruppe oder sind Kinder mit guten Gruppenbeziehungen fähiger, Freundschaften aufzubauen? Selbstsichere Kinder mit guten sozialen Kompetenzen werden gleichzeitig Freundschaften aufbauen und in Gruppen positive und verantwortliche Rollen einnehmen können.

Freundschaften dürfen allerdings ebenso wie Gruppen nicht in einem nur romantischen Licht gesehen werden. Schädlich können Freundschaften sein, wenn sich die Freunde nicht gleichwertig gegenüberstehen. Konkurrenz, Egozentrik und Überheblichkeit können zu ungleichen Machtverhältnissen führen. Wenn von einem der Partner Druck zum eigenen Vorteil ausgeübt wird, wenn Abwertung stattfindet und kein wechselseitiges Vertrauen aufgebaut wird, leiden die Unterdrückten. Freundschaften können auf Kinder ebenso wie Gruppen einen hohen Anpassungsdruck ausüben. Das geschieht vor allem dann, wenn ein Kind ebenso wie bei Gruppenzugehörigkeit keine Wahl für seine Freundschaften hat, weil sich in der Wohngegend vielleicht keine Alternativen bieten, oder auch, weil das Kind nicht gelernt hat, seine Rechte zu erkämpfen. Wenn ein Kind Beziehungsabbrüche als Strafe empfunden hat, wenn es dabei Leid in Kauf nehmen musste, wird es vor Freundschaftsabbrüchen möglicherweise zurückschrecken und die Beziehung durchhalten, auch wenn es sich in eine unangenehme Rolle einfügen muss. Das Kind zieht es dann vor, sich anzupassen aus Angst, keine Freundschaft zu haben. Freundschaften sind für Kinder deshalb nicht nur eine Quelle höchster Freuden, sondern manchmal auch tiefster Frustrationen.

Egozentrisch-dominante Kinder gehen ebenfalls in eine falsche Richtung. Sie entwickeln und üben unangemessene soziale Kompetenzen, spüren dabei aber leider meist nur Wohlgefühl. Sie erkennen ihre Wirkung auf die Freundin oder den Freund oft nicht und können ohne Hilfe von außen ihr Verhalten nicht ändern. Aus diesen Gründen ist es wichtig, dass Eltern die Freundschaften ihrer Kinder beobachten und ihnen einfühlsame Gespräche über ihre Freundschaften anbieten.

Die frühe Kindheit als Erprobungsphase von Freundschaften

Wenn Eltern Freundschaften zu Familien pflegen, die gleichaltrige Kinder haben, können sich daraus Kinderfreundschaften entwickeln. Das häufige Zusammensein und die gemeinsamen Erlebnisse verbinden und schaffen Beziehungen unter den Kindern, insbesondere in der frühen Kindheit.

Erste selbst gewählte, von den Eltern unabhängige Freundschaften entstehen vor allem in der Tageseinrichtung. Auslöser für eine Freundschaft kann z.B. sein:

- Häufiges Zusammenspiel, das Nähe und Vertrautheit aufbaut,
- gezeigtes Mitgefühl in Form von Trost oder Hilfsbereitschaft von einem der beiden Partner.

Es ist aber für die Erwachsenen keineswegs immer erkennbar, weshalb sich unter Kindern Freundschaften bilden oder auch, warum sie sich wieder auflösen.

Abbildung 6.3: In der Freundschaft stärken sich Kinder gegenseitig und unterstützen sich bei mutigen Vorhaben.

Dieses Freunde-Suchen und Freunde-Verlieren müssen Kinder erproben. In der frühen Kindheit, wenn die Kinder noch in ihre Familien fest eingebunden sind, ist ein vergeblicher Versuch, ein bestimmtes Kind zum Zusammenspiel und zu näheren Kontakten zu bewegen, leichter zu verkraften als später im Schulalter, wenn die Einbindung in die Peergruppe wichtiger wird und der Ausschluss oder die Ablehnung schmerzhafter empfunden werden. Das Kind im Kindergartenalter fühlt sich durch den Rückhalt in der Familie sicher. Es führt das Zugehen auf andere Kinder meist mit einer Leichtigkeit aus, die später in dieser Form nicht mehr auftritt: »Bist du mein Freund?« wird mit einem Gummibärchen verhandelt. Mit »Ich bin auch dein Freund!« erbettelt sich ein Kind die Zuneigung eines anderen Kindes, etwa das Benutzen eines ihm gehörenden Spielzeugs. Jeder weiß, dass daraus keine echte und anhaltende Freundschaft entstehen wird. Dieses folgenlose Umgehen mit Freundschaften bietet dem Kind aber, Freunde zu suchen und Beziehungen zu erproben. Freundschaften sind bereits im Kindergartenalter etwas Wichtiges, für das sich Kinder anstrengen und über das sie verhandeln.

Emotional einsame Kinder werden möglicherweise ernsthaft versuchen, mit materiellen Geschenken, Freunde zu gewinnen. Diese Freundschaften basieren dann aber selten auf festem Grund und vermitteln keine wirkliche Anerkennung oder Sicherheit. Bereits bei Kindern hat die nichtmaterielle Ebene ein höheres Gewicht. Ab dem Schulalter nennen Kinder bei Fragen nach den Voraussetzungen für Wohlgefühl oft an zweiter Stelle nach harmonischen familiären Beziehungen gute Freundschaften.

Im Grundschulalter oder auch schon kurz davor werden die Freundschaften fester. »Beste« Freundschaften bilden sich heraus. Freunde unternehmen gemeinsame Aktionen, planen Abenteuer und führen sie durch, Zukunftsträume wie gemeinsame Reisen und Berufswünsche werden entworfen. Die Freunde hüten erste Geheimnisse und vielleicht schließen sie gegen Ende der Grundschulzeit Blutsbrüderschaft. Es entstehen auch kleine Freundschaftsgruppen, die gemeinsam etwas unternehmen und später zu ausgesprochen festen Cliquen zusammenwachsen können. Freundschaften bedeuten in der späteren Kindheit viel und stärken bei Problemen und in Bewährungszeiten. Angebahnt und geübt werden die Freundschaftsbeziehungen aber eben bereits in der frühen Kindheit.

6.2 Kontakte mit Peers ermöglichen und die Beziehungen unterstützen

Kinder benötigen schon viel früher als mit dem Besuch des Kindergartens den Bezug zu Gleichaltrigen. Wenn das Kind keine Krippe besucht, ist es für die Eltern wichtig, für Kontaktmöglichkeiten ihres Kindes mit Altersgleichen zu sorgen, sei es im Bekanntenkreis, in Mutter-Kind-Gruppen oder auf Spielplätzen. Geschwister können Spielkameraden und Freunde nur teilweise ersetzen, weil sie in einer anderen Beziehung gegenüber dem Kind stehen als Kinder außerhalb der eigenen Familie. Deshalb ist es auch für Kinder mit Geschwistern notwendig und die Entwicklung fördernd, bereits vor und auch neben dem Besuch des Kindergartens Zeit in Gruppen mit Gleichaltrigen zu verbringen, um sich in unterschiedlichen Kleingruppen zurechtzufinden und Freundschaften zu erproben.

Für sein Einleben und seinen sozialen Umgang in Gruppen braucht das Kind einfühlsame Erwachsene, die ihm Sicherheit bieten, den Aufbau seiner Beziehungen unterstützen und seine Rollengestaltung begleiten. Wo nötig werden die Erwachsenen das Kind behutsam lenken und werden seine gut gelungenen sozialen Konfliktlösungen bestärken.

Entwicklungsanregung durch soziale Kontakte mit Peers in den ersten Lebensjahren

Wenn sich Eltern mit ihren Kleinkindern bei Freunden oder in Gruppen treffen, ist darin nicht nur ein Erfahrungsaustausch für die Eltern zu sehen. Diese Treffen bieten auch notwendige Entwicklungsanregung für die Kinder, vor allem für Kinder ohne Geschwister. Mit Kontakten auf Spielplätzen entsteht für das Kind eine weitere Möglichkeit, mit anderen Kindern zusammenzukommen, sich anregen zu lassen und Anregungen zu geben, allmählich sprachliche Kontakte zu Peers aufzunehmen und vom Nebeneinander-Spiel zu ersten Partnerspielen zu finden.

Eltern und die Erzieherinnen in der Krippe unterstützen die ersten sozialen Interessen und Kontakte des Kindes. Sie ermuntern das Kind, auf andere Kinder zuzugehen, vielleicht ebenso wie das andere Kind einen Sandberg zu schaufeln, einen Hang hinunterzulaufen oder Spielmaterial auszuleihen. Sie beobachten die

Abbildung 6.4: Kinder benötigen schon früher als mit dem Besuch des Kindergartens regelmäßige Kontakte und Spielzeiten mit Gleichaltrigen.

Konfliktbearbeitung der Kinder und vermitteln, wenn eins der Kinder sich zu schwach oder auch zu grob für eigene Rechte einsetzt. Im dritten Lebensjahr beginnt das Kind, sich in die Gefühle anderer Kinder einzufühlen und kann die Durchsetzung seiner Wünsche in Anfängen mit den Wünschen der Spielpartner abstimmen. Behutsame Lenkung bei Konfliktlösungen helfen dem Kind beim Aufbau seiner sozialen Kompetenzen.

Das Kind soll sein beginnendes Heraustreten aus der vertrauten Familie und das Zugehen auf andere Menschen mit positiven Erfahrungen und Gefühlen verbinden. Damit werden Voraussetzungen angebahnt, dass es auch in Zukunft möglichst vertrauensvoll seinen sozialen Radius erweitert und mit wertschätzender Einstellung und positiver Erwartungshaltung auf fremde Menschen zugeht. Deshalb ist hier wie in anderen Lernbereichen wichtig, dass das Kind bei seinen Ressourcen – den Stärken – bestärkt wird und seine beginnenden sozialen Erfahrungen möglichst lustvoll erlebt. Wenn das Kind seine gesellschaftliche Teilhabe bereits in den ersten Anfängen mit guten Gefühlen verbindet und eigene soziale Kontakte als lustbetont verbuchen kann, werden Weichen für den Aufbau sozialer Kompetenzen gestellt. Positive soziale Erfahrungen in der frühen Kindheit werden dem Kind später helfen können, individuelle Hürden zu bewältigen und demokratische Mitverantwortung zu übernehmen.

Hilfe bei der Beziehungsgestaltung unter Geschwistern

Eine gute Einstimmung auf die Geburt eines zweiten Kindes ist für das ältere Kind überaus notwendig. Das Kind muss sich einbezogen fühlen in die gedanklichen und praktischen Vorbereitungen, und das schon rechtzeitig vor der Geburt des Geschwisters. Wenn es so weit ist, besucht das Kind die Mutter im Krankenhaus. Sobald das Geschwisterkind nach Hause kommt, beteiligt sich das ältere Kind, wenn immer möglich und wenn es das wünscht, bei der Pflege des Säuglings. Die ersten Wochen sind ausschlaggebend für das Selbstwertgefühl und für die Sicherheit des älteren Geschwisters, seine wichtige Rolle in der Familie zu behalten und geliebt zu werden. Da darf mit Zuwendung ruhig übertrieben werden, denn das Kind braucht Hilfe bei der Veränderung der Position, die es jetzt einnimmt, und es benötigt einen Ausgleich für die Rücksicht, die es zu nehmen hat. Es kann sich schnell überflüssig fühlen und glauben, dass das jüngere Kind jetzt seinen Platz einnimmt.

Später wird es die üblichen Konflikte zwischen den Geschwistern geben, die zur Entwicklung eines Kindes gehören und der Beziehung in der Regel nicht schaden. Solche Konflikte entstehen vor allem, wenn Kinder sich für eigene Rechte einsetzen (vielleicht auch etwas übertreiben, um eigene Positionen zu sichern), vermeintliche Ungerechtigkeiten ahnden, sich nichts gefallen lassen, ihren familiären Standort als älteres oder jüngeres Kind behaupten oder einen Rollentausch erkämpfen. Geschwister, die sich untereinander streiten, sind häufig die größten Verteidiger ihrer Schwestern oder Brüder, wenn diese von Fremden angegriffen werden oder traurig sind, und das bis ins Erwachsenenalter.

Eltern müssen allerdings die Beziehungen beobachten und ggf. eingreifen. Es können unter Geschwistern Beziehungen entstehen, die den Kindern nicht gut tun, etwa dass eins der Geschwister mit einem dominanten Verhalten die

Selbstbestimmung des anderen zu stark einschränkt und es in eine gefügige Rolle zu drängen versucht. Natürlich müssen sich Geschwister untereinander auch reiben dürfen. Konfliktbearbeitung muss erprobt und gelernt werden.

Wie oben erklärt, benötigt ein Kind trotz Geschwistern auch außerfamiliäre Spielkameraden. Die Beziehungen mit familienfremden und gleichaltrigen Kindern entwickeln sich anders als die Beziehungen mit Geschwistern, mit denen das Kind ständig zusammenlebt. Das Familienleben und die Altershierarchie legen Kinder in der Familie in bestimmten Rollen fest: als jünger oder älter, als Mädchen oder Junge, in einem bestimmten Verhalten oder mit unterschiedlichen Begabungen. Freunde werden selbst gewählt, Freundschaften können abgebrochen und neu gesucht werden, Freunde haben eine jeweils eigene familiäre Zugehörigkeit und das Zusammenleben ist nicht kontinuierlich. Die Rollen sind weniger festgelegt als in der Geschwisterhierarchie.

Unterstützung beim Einleben in Tageseinrichtungen

Kindern wird heute sehr behutsam geholfen, sich langsam in Tageseinrichtungen einzuleben. Übergänge (Transitionen) in neue, ungewohnte Lebenssituationen während der frühen Jahre können ein Kind in seinen Gefühlen und in seiner Entwicklung schwer belasten. Angst und Verlassenheitsgefühle werden wenn immer möglich vermieden. Kinder besuchen deshalb die Einrichtung zunächst stundenweise gemeinsam mit der Mutter oder einer anderen vertrauten Bezugsperson. Erst wenn das Kind sich sicher fühlt, wird es langsam allein gelassen. Das Kind soll die Einrichtung von Beginn an mit Freude besuchen und die Stunden als angenehm erleben. Es soll positive Gefühle empfinden, wenn es die vertraute Umgebung der Familie verlässt und auf die Welt zugeht, wenn es den Radius des Erlebens erweitert und neuen Bezugsgruppen begegnet. Von Eltern wird erwartet, für dieses langsame Einleben Verständnis zu haben, sich zeitmäßig darauf einzustellen und die entsprechende Geduld aufzubringen.

Es ist damit zu rechnen, dass heutige Kinder als Erwachsene mit Übergängen von einer Lebenssituation in eine andere mehrfach fertigwerden müssen: Arbeitsplatzwechsel, auch Veränderungen innerhalb des Arbeitsplatzes, Wohnortwechsel, Wandel des Familienlebens. Wenn Kinder ihre ersten Transitionen in der frühen Kindheit ohne Frustrationen und Ängste erlebt haben, wird es ihnen später leichter fallen, Veränderungen optimistisch anzugehen und sie souverän zu meistern.

Kontinuierliche Begleitung des Kindes in der Tageseinrichtung

Nachdem sich Kinder in Tageseinrichtungen oder anderen betreuten Gruppen wie Sport- oder Musikgruppen eingelebt haben und sich sicher fühlen, benötigen sie weiterhin unterstützende Begleitung von Seiten der Eltern. Erzieherinnen in Tagesstätten führen mindestens einmal jährlich Gespräche mit den Eltern über die Entwicklung des Kindes. Auch in anderen Gruppen sind die Leiterinnen und Leiter bereit, nicht nur über den speziellen Schulungsbereich wie Sport, Musik oder Werken zu sprechen, sondern auch über das sonstige Verhalten des Kindes in der Gruppe.

Soziale Probleme in der Einrichtung, die das Kind nicht bewältigt, nehmen ihm viel Kraft, die es für seine Entdeckung der Welt und seine Erweiterung von Kompetenzen besser einsetzen könnte. Solche Probleme liegen z.B. vor, wenn das Kind sich in der Gruppe unsicher fühlt, für Angenommensein und Zugehörigkeit in kleinen Spielgruppen kämpfen muss oder häufig in Konflikte gerät. Es fühlt sich nicht wohl, empfindet sich angegriffen, trauert, zieht sich zurück oder reagiert in Wut. Aggressives Verhalten kann sich aufschaukeln und dem Kind das Zugehen auf die Welt auch in anderen Zusammenhängen erheblich erschweren.

Eltern sehen oft die kognitive (auf Erkenntnis beruhende) Entwicklung des Kindes im Vergleich zum sozialen Lernen als bedeutsamer an. Die kognitiven Fähigkeiten des Kindes sind zudem für Eltern deutlicher erkennbar als soziales Miteinander. Fortschritte bei sprachlichen Fähigkeiten, dem Zahlenverständnis oder bei seinem Wissen fallen auf. Konfliktbearbeitung, die das Kind in der kleinen Spielgruppe im Kindergarten bewältigt oder auch nicht, bemerken die Eltern weniger. Aber ein Kind, das sich in der Gruppe nicht wohlfühlt und um seine Position kämpft, kann nicht belastungsfrei auf Neues zugehen. Seine sozialen Probleme, sein Unglücklichsein in der Gruppe wirken sich auf andere Entwicklungsbereiche aus. Der gleichberechtigte Umgang mit Peers, das Abstimmen unterschiedlicher Wünsche, die Konfliktbearbeitung unter Gleichberechtigten, das Einhalten von Gruppenregeln, all das sind Fähigkeiten, die Eltern weniger

Abbildung 6.5: Kinder, die bereits in ihrer frühen Kindheit eine Gruppe zu faszinieren verstehen, haben Fähigkeiten erlernt, die in anderen Situationen zu einem sicheren Auftreten beitragen werden.

mitbekommen. Das Verhalten zeigt sich in der Tageseinrichtung. In der Familie fällt es kaum auf. Deshalb ist es für Eltern wichtig, die soziale Entwicklung des Kindes ernst zu nehmen, sich bei den Berufspädagogen danach zu erkundigen und die soziale Förderung in der Einrichtung durch eigenes pädagogisches Verhalten zu unterstützen.

Lockere Betreuung des Kindes in unbetreuten Gruppen

Wenn Kinder Gelegenheit dazu haben, fangen sie schon vor dem Schuleintritt an, auf Spielstraßen oder in Spielhöfen selbstständige Spielgruppen zu bilden, auch ohne direkte Aufsicht der Eltern. Teilweise entstehen diese Spielgruppen spontan, wie es sich gerade ergibt, manchmal suchen Kinder aber auch den Kontakt mit bestimmten Spielpartnern. Auch hier ist es wichtig für die Eltern zu erfahren, wie es dem Kind dabei geht. Wenn ihr Kind oder auch ein anderes Kind aus der Kleingruppe in eine unangenehme Rolle gerät oder wenn das eigene Kind dazu beiträgt, dass anderen Kindern in der Gruppe geschadet wird, werden Eltern zu beeinflussen versuchen. Weder das eigene Kind noch die anderen sollen ernsthaft frustrierende Gruppenerfahrungen in ihre spätere soziale und solidarische Entwicklung mitnehmen müssen. Manchmal reden die Kinder von sich aus nicht viel darüber, weil sie ihre Probleme in selbst gewählten Spielgruppen auch selbst bewältigen wollen, oder vielleicht auch, weil sie fürchten, dass Erwachsene die Konflikte nur verschlimmern oder ihr Spiel in diesen Gruppen einschränken. Ausgeschlossen zu sein und Befürchtungen von Einsamkeit rufen oft größere Ängste hervor als in unangenehmen Rollen geduldet zu werden. Pädagogische Unterstützung ist dann möglicherweise hilfreicher, wenn man dem Kind Beratung zur Problembewältigung gibt, bevor man selbst regelnd einzugreifen versucht oder das Kind von dieser Spielgruppe fernhält. Für das Kind ist es wichtig, dass es sich durch die Eltern gehalten fühlt und weiß, dass es sich Hilfe holen kann.

Mitwirkung der Erwachsenen beim Erproben von Freundschaften

Die erste selbst gewählte Freundschaft ihres Kindes kann Eltern vermitteln, dass ihr Kind beginnt sich zu verselbstständigen. Die Eltern nehmen wahr, dass sich das Kind in einem kleinen Bereich von ihnen abzuwenden beginnt. Das können Eltern als schmerzlich empfinden. Wenn Kinder Freunde gefunden haben, brauchen sie von Seiten der Eltern und anderen Bezugspersonen aber Unterstützung, um diese Freundschaften zu leben und zu gestalten. Wenn das Kind die gemeinsame Spielzeit mit dem Freund oder der Freundin z.B. nur auf den Kindergarten, den Spielplatz oder die Grundschule beschränken muss, können wichtige Teilbereiche einer Freundschaft nicht ausgelebt werden, etwa sich gegenseitig zu besuchen und das andere Familienleben kennenzulernen. Das Kind erlebt dann auch nicht, dass es von seinen Eltern unterstützt wird, nachdem es selbstständig seinen Radius erweiterte. So eine Einschränkung kann das Kind in seiner Selbstständigkeit und Eigenverantwortlichkeit hemmen. Die Freundschaft wird ebenfalls darunter leiden. Sie kann vielleicht nicht wirklich offen gelebt werden. Die Stärke, die eine Freundschaft gibt, kann sich nicht voll entfalten, vor allem dann nicht, wenn das Kind noch klein und auf die Unterstützung der Eltern angewiesen ist.

Manchmal kann der Besuch des eigenen Kindes in der Familie eines Freundes oder einer Freundin Konflikte für die Eltern und vielleicht auch für die Kinder bringen, etwa wenn Erziehungsvorstellungen auseinanderklaffen. Wenn das Kind beispielsweise bei der Gastfamilie nur vor dem Fernseher oder dem Computer sitzt und sich dabei mit fragwürdigen Inhalten befasst, werden viele Eltern mit Recht ihr Kind nicht zu häufig oder gar nicht dorthin geben wollen. Vielleicht können zwischen den Eltern Abmachungen getroffen werden. Notfalls werden besorgte Eltern versuchen, das gemeinsame Spiel mehr in die eigene Familie zu holen. Manchmal beenden Kinder auch von selbst ihre Freundschaften, weil sie durch den gegenseitigen Besuch merken, dass sie doch nicht so zusammenpassen.

Wenn Kinder schon im Kindergartenalter gute Freundschaftsbeziehungen erleben, sie auch wieder auflösen und neue Freunde finden, ist die Angst vor Verlust einer Freundschaft später wahrscheinlich geringer als wenn keine Erfahrung vorliegt, dass der Schmerz einer aufgegebenen Freundschaft verebbt und neue Freunde zu finden sind. Eltern leisten ihren Kindern deshalb einen guten und stärkenden Dienst, wenn sie deren Freundschaftsbeziehungen in ihrer Kindergarten- und Grundschulzeit unterstützend und wohlwollend begleiten.

Bestärkung bei interethnischen Kontakten und Freundschaften

In Tageseinrichtungen und in Schulen leben Kinder in interethnischen Gruppen. Deutsche Eltern sind bei einem hohen Prozentsatz von Kindern aus Migrantenfamilien in der Kindertagesstätte oft nicht glücklich, weil sie die Sorge haben, dass ihre Kinder durch das Zusammenleben mit Gruppenmitgliedern aus anderem kulturellen Hintergrund und mit fremder Muttersprache zu wenig gefördert werden und später in der Schule Nachteile erfahren. Die Sorge beruht allerdings bei vielen Eltern weniger auf den geringen Deutschkenntnissen der Kinder mit Migrationshintergrund, sondern auf geringem sozialem Niveau und der Bildungsferne mancher dieser Familien. Der positive Einfluss durch interkulturelle Gruppenzusammensetzung wird wenig gesehen oder auch bewusst ausgeblendet: Die Kinder erfahren kulturelle Vielfalt. Kosmopolitisches (weltbürgerliches) Denken kann angestoßen und im Rahmen der Kindergemeinschaft gelebt werden. Freundschaften können entstehen. Allerdings brauchen interethnische

Abbildung 6.6: Im Kindergarten entstehen erste interethnische Freundschaften. Wenn sie bis in die Schulzeit bestehen bleiben, können sie bei den Kindern Interesse an anderen Kulturen wecken und zu weltbürgerlichem Denken anregen. Sie bedeuten eine Bereicherung für das Kind.

Freundschaften in früher Kindheit noch stärker die Unterstützung von Seiten der Eltern als innerdeutsche Freundschaften. Das Kind spürt, dass solche Freundschaften nicht selbstverständlich sind. Zuwandereltern sind zudem oft zurückhaltend und gehemmt.

Es ist nachgewiesen, dass interethnische Freundschaften unter Jugendlichen zu einer größeren kulturellen Offenheit führen und dass Vorurteile bei deutschen Jugendlichen mit interethnischen Freunden gegenüber »Ausländern« geringer sind. Deutsche Schülerinnen und Schüler mit interkulturellen Freundschaften haben darüber hinaus einen häufigeren Kontakt zu Peers mit anderskulturellem Hintergrund (nach Reinders, Heinz: Interethnische Freundschaften bei Jugendlichen, 2002). Interethnische Freundschaften können Kindern eine Ethik näherbringen, in der sich der Mensch als Teil der gesamten Menschheit empfindet, einem solidarisch denkenden Weltbürgertum. Edgar

Morin, Präsident der Europäischen Agentur für Kultur der UNESCO, schreibt: »Das gegenseitige Verständnis zwischen den Menschen, sowohl nahestehenden als auch fremden, ist lebenswichtig, damit die menschlichen Beziehungen aus ihrem barbarischen Zustand der Verständnislosigkeit heraustreten.« (Morin 2001, S. 20). Barbarisch ist der Zustand z.B., wenn 20 Prozent der Bevölkerung das Gleichgewicht der Natur gelassen zerstören, während die Schäden nicht sie, sondern den »Rest« der Menschheit treffen. Oder wenn 20 Prozent der Weltbevölkerung mehrfach so viel Nahrung wegwerfen wie der hungernde Teil benötigt, um satt zu werden. Eltern tun ihren Kindern keinen Gefallen, wenn sie interethnische Freundschaften nicht unterstützen. Die heutige Elterngeneration muss den Kindern eine Ethik ermöglichen, die sie selbst – die Eltern – oft noch viel zu wenig leben können. Sie müssen ihr Kind darin bestärken, dass es sie im globalen Verständnis ethisch überholt.

Hilfe beim Verlust von Freundschaften

Solange Kinder nur oberflächliche Freundschaften verlieren – etwa diese »Gummibärchenfreundschaften« im Kindergarten – werden sie meist gut damit fertig. Das sind Erprobungsphasen, die erst schmerzlich werden, wenn ein Kind die Ablehnung oft erlebt und das Selbstwertgefühl dadurch leidet. Viele Kinder haben aber durchaus – auch schon im Kindergartenalter – Freundschaften, die zu echten Bindungen geworden sind. Dann bringt der Abbruch einen schmerzlichen Verlust, der eine Belastung für das Kind bedeuten kann. Wenn der Grund des Abbruchs ein Konflikt zwischen den Kindern ist, können Eltern bei der Bearbeitung vielleicht vorsichtig und einfühlsam vermitteln. Freundschaften können aber nicht erzwungen werden. Bei einem endgültigen Freundschaftsabbruch brauchen Kinder mitempfindende Eltern, die bei der Trauerarbeit ihres Kindes mit Verständnis reagieren und dem Kind Mut machen, neue Freunde zu finden.

Oft entstehen Freundschaftsabbrüche durch äußere Anlässe, vor allem Wohn- oder Schulwechsel. Dann hilft es, das Kind darauf vorzubereiten und noch eine Zeit lang telefonischen Kontakt oder eine andere Form von Verbindung zu halten, damit sich die Beziehung langsam lockert. In dieser Zeit kann durch allmählich entstehende neue Freundschaften der Trennungsschmerz bearbeitet und gemildert werden.

Bewusste Trauerarbeit mit Kindern – zu der Freundschaftsverlust gehört – ist eine wichtige Hilfe, damit Kinder den Schmerz nicht verdrängen, sondern ihn im Gespräch und im Spiel ins Bewusstsein holen und sich, wenn der Schmerz stark wird, durch emotionale Nähe bei den Eltern oder anderen nahestehenden Menschen Trost und Verständnis holen. Margit Franz, Sozialpädagogin und Leiterin einer Tagesstätte, hat sich mit der Thematik Verlust und Trauer intensiv befasst. Sie schreibt: »Alles, was Kinder erfahren, erspielt und erlernt haben, müssen sie später nicht verdrängen. Wie wir wissen, bietet Verdrängung keinen wirklichen Schutz im Leben. Traurige Erfahrungen schwächen das kindliche Selbstbewusstsein nicht. Sie gehören vielmehr zu einer gesunden Reifung und bewirken, dass Kinder Ich-Stärke, Krisenkompetenz und Mitgefühl entwickeln. Wenn Abschiede fruchtbringend sein sollen, müssen wir sie *an-nehmen*, *aus-halten*, *zu-muten*. Wir müssen sie gestalten, ritualisieren, zelebrieren, zudem sorgfältig vor- und nachbereiten, damit Kinder sich darin üben können. Je früher die Kinder in positiver Weise lernen, mit ihren schmerzlichen Gefühlen, aber auch der Trauer anderer umzugehen, umso besser.« (Franz 2002, S. 48 f.).

Eine solche bewusste Hilfe bei Trauer ist auch bei anderen Anlässen notwendig, etwa beim Tod von nahestehenden Menschen, beim Tod eines geliebten Tieres oder beim Abschied von einer Lebensphase, beispielsweise dem Ende der Kindergartenzeit, die ein Kind freudig erlebte und jetzt unter dem Ende leidet.

7 Gebt meinem Leben Sinn und Wert – Ich lebe doch nicht nur für mich!

Nicht nur Erwachsene, auch Kinder suchen nach Sinn in ihrem Leben. Sie wollen die Welt, die sie erleben, verstehen und in ihrem eigenen Dasein einen Wert erkennen. Sie wollen handelnd teilhaben an der Welt und wollen von Bedeutung sein. Von den Menschen, mit denen sie zusammenleben, wollen sie anerkannt und geliebt werden. Lebenssinn zu spüren gibt ihnen Wert und Wichtigkeit und macht sie glücklich und stark.

Dem Kind zu helfen, Werte aufzubauen, ist keine leichte pädagogische Aufgabe. Sinn und Bedeutung des Lebens werden von ethischen Standorten beeinflusst und äußern sich im Denken, Empfinden und Handeln und in der Bedeutung, die der Einzelne seinen Handlungen und seiner Person beimisst. Gut und Böse ist nicht einfach zu verstehen, Gerechtigkeit ist schwer zu definieren. In ständigen Dilemmakonflikten muss das Kind einen angemessenen Weg zwischen der Durchsetzung eigener Wünsche und den Wünschen und Rechten der Mitmenschen oder auch der Tier- und Pflanzenwelt finden. Moral und ein ethisches Konzept entwickelt der junge Mensch erst in seinen Jugendjahren. Dafür braucht er aber in seiner frühen Kindheit und in der Grundschulzeit konkrete Erfahrungen von guten und abzulehnenden Bewertungen. So wie der Mensch erst die Grammatik seiner Muttersprache erkennen kann, wenn er die Sprache im wesentlichen beherrscht (in der zweiten Hälfte der Grundschulzeit), kann er erst ein ethisches Konzept aufbauen, wenn er gelernt hat, konkrete Handlungen zu bewerten (Manfred Spitzer, 2009).

Um das Kind bei der Entwicklung eines sinnerfüllten Lebens zu unterstützen, ist in erster Linie eine entsprechende Vorbildhaltung und eine gemeinsame sinnerfüllende Tagesgestaltung nötig. Dabei ist es wichtig, anerkennend und wertschätzend mit dem Kind umzugehen, ihm in geduldigen Gesprächen nachvollziehbare Hintergründe, Wirkungen und Zusammenhänge zu erschließen, um ein entsprechendes ethisch fundiertes Denken und Handeln vorzubereiten.

Beispiele für Handlungen und Gedanken von Kindern, die Sinnperspektiven sowie das Bedürfnis nach dem Erkennen innerer Werte zum Ausdruck bringen:

- Luisa, vier Jahre, hat ihrer Oma, die in einer anderen Stadt wohnt, ein Bild zum Geburtstag gemalt und hat es gemeinsam mit der Mutter in einem Briefumschlag mit der Post an die Oma geschickt. Als sie einen Antwortbrief erhält, ist sie glücklich. Sie befestigt den Brief an der Pinwand über ihrem Bett. Der Brief ist für sie ein Symbol dafür, dass sie der Oma viel bedeutet. Während der nächsten Tage spricht sie beim Gute-Nacht-Sagen öfter mit ihrer Mutter oder dem Vater darüber, wer wem warum wichtig ist.
- Die Geschwister Sophie, fünf Jahre, und Jan, drei Jahre, haben geholfen, Weihnachtsplätzchen zu backen. An den Feiertagen untersuchen sie die Plätzchenteller genau, welche Teile von ihnen gebacken worden waren. Sie wollen sich vergewissern, dass ihr Beitrag erkennbar ist und von den Anwesenden auch gewürdigt wird. Die Kinder fordern die Eltern und auch Besucher auf, ihre Plätzchen zu probieren und zu sagen, wie sie schmecken. Glücklicherweise hatte die Mutter darauf geachtet, dass diese Plätzchen von den anderen deutlich zu unterscheiden sind.
- Elena, fünf Jahre, hat die Aufgabe, jeden Morgen das Waschbecken im Bad glänzend zu reiben. Dabei soll sie allerdings sparsam mit Wasser umgehen. Dafür steht ein kleiner Hocker im Bad, damit sie gut heranreicht. Elena macht die Aufgabe eine Zeitlang gewissenhaft und schaut manchmal tagsüber noch zusätzlich nach, ob das Becken nicht etwa schon wieder schmutzig ist. Als ihre Bereitschaft nachlässt, überlegen die Eltern mit ihr, was sie jetzt tun könnte, denn Elena will unbedingt eine »wichtige« Aufgabe haben.
- Zwischen den Brüdern Jakob, sechs Jahre, und Eric, fünf Jahre, entbrennt ein heftiger Streit, weil jeder glaubt, vom anderen angegriffen worden zu sein, und seine Rechte verteidigen will. Sie schlagen sich und ziehen sich an den Haaren. Als Eric schreiend wegläuft, weil er sich schwächer fühlt,

stolpert er und bleibt liegen. Jakob denkt jetzt nicht mehr an den Streit, sondern rennt zu Eric, um ihm zu helfen und ihn zu trösten oder auch – wenn es schlimm sein sollte – Hilfe zu holen. Auch Eric hat seinen Zorn jetzt vergessen und ist dankbar für das Mitgefühl. Kinder können vermeintliche Ungerechtigkeiten und ihre aggressiven Gefühle schnell vergessen, wenn die Situation das erfordert und können sich füreinander verantwortlich fühlen.

- Jens, fünf Jahre, findet auf dem Balkon eine tote Meise. Sie war gegen die Fensterscheibe geflogen. Mutter und Jens legen den Vogel liebevoll in einen kleinen Karton, um am Nachmittag in den Wald zu fahren und ihn zu begraben. Sie sprechen darüber, wie man Vögel schützen kann, damit sie nicht gegen die Scheibe fliegen. Sie betrachten sich die Scheibe von außen und sehen die sich spiegelnden Bäume. Aus dunklem Papier schneiden sie mehrere Vögel aus und kleben sie an die Fensterscheibe, um die lebenden Vögel zu warnen. Gespräche über den Tod helfen Jens, Entstehung und Vergänglichkeit zu erfassen. Für die Mutter ist diese Begebenheit und die Nachdenklichkeit von Jens ein Grund, mit ihm in Kürze auf einen Friedhof zu gehen und über Tod und Beerdigung zu sprechen. Sie hat auch vor, mit Jens – wenn es sich ergibt – an einer Beerdigung teilzunehmen.
- Im Kindergarten ist Ali, sechs Jahre, ein beliebter Spielpartner. Dort, wo er in selbstbestimmten Gruppenspielen beteiligt ist, gibt es selten Streit. Ali versteht es, Spielführung zu übernehmen, ohne sich selbst dominant in den Mittelpunkt zu stellen. Bei Konflikten kann er einfühlsam vermitteln. Er weiß um seine Fähigkeiten und lässt sich auch gern von den Erzieherinnen als Mitspieler oder zur Spielführung einsetzen, etwa wenn eine Kleingruppe in einem unbeaufsichtigten Raum spielen will. Konflikte, von denen er denkt, dass er sie nicht gut bewältigt hat, spricht er bei seiner Erzieherin manchmal an und ist dankbar für Rat und für Unterstützung. Er weiß um sein soziales Können und fühlt sich stark und fähig.
- Dennis, fünf Jahre, kommt vom Kindergarten nach Hause und berichtet, dass die anderen ihn auslachen, weil er keinen »richtigen« Rucksack hat. Dennis kann nicht erklären, was unter »richtig« zu verstehen ist. Die Mutter spricht zunächst mit ihm über Sinn und Gebrauch eines Rucksacks.

Beide stellen fest, dass Dennis' Rucksack alles kann, wozu er gebraucht wird. Allerdings sieht er nicht so aus wie die Rucksäcke der meisten anderen Kinder. Sie sprechen über die Bedeutung des Aussehens eines Gegenstandes. Dann sprechen sie über Geld, das für einen Neukauf benötigt werden würde und das an anderer Stelle nicht ausgegeben werden könnte. Die Mutter zeigt für die Gefühle der Trauer und Enttäuschung von Dennis Verständnis, erklärt aber, dass ein neuer Rucksack nicht notwendig ist. Für Dennis bleibt es schwer, mit seinem Rucksack in den Kindergarten zu gehen, aber er hat erfahren, die Sinnfrage zu stellen und wird durch solche Haltungen und Gespräche dazu veranlasst, öfter und in anderen Zusammenhängen über den Sinn von Dingen nachzudenken und sich dabei unbemerkt mit Sein und Haben auseinanderzusetzen.

7.1 Kinder suchen nach Sinn und Bedeutung im Leben

Wie stark die Kinder bereits im Kindergartenalter nach Sinn und Bedeutung im Leben suchen, machen unter anderem die Fragen deutlich, die sie an Eltern stellen und die diese oft in Nachdenklichkeit bringen. Erfüllung und Wohlgefühl finden Kinder vor allem in ihrer Bedeutung für andere, in guten Beziehungen zu den Mitmenschen, d.h. im Kontakt mit ihren Bezugspersonen und Bezugsgruppen, in dem, was sie zu geben haben, in den Rückmeldungen, die sie zu ihren Handlungen und ihrem Denken erhalten. Besitz macht dagegen nur kurzfristig glücklich. Nachweislich ist für Kinder das Sein wichtiger als das Haben. Erst im Bestreben, anderen gleich zu sein und von ihnen anerkannt zu werden, im Vergleich mit anderen, wird Konsum und schneller Wechsel von Besitz wichtig. Innere Werte sind für das Kind ausschlaggebender als äußere. Um die Erfahrung des Gebens erleben zu können, damit sie das glücklich machende und aufbauende Gefühl erfahren, welches man beim eigenen Einsatz und beim Freudemachen empfindet, brauchen sie Gelegenheiten, sich einzubringen und Aufgaben zu übernehmen, die sie als wichtig ansehen. Wenn sie sich dabei in ihrer Einmaligkeit erleben, etwa als Kind, das einem Verwandten eine Freude macht, als jemand, der als Einziger einen Käfer in Not wahrnimmt und ihn rettet, als Tröstender bei jemandem, der traurig ist, dann prägen sie Ich-Spuren und verspüren ihren Lebenssinn deutlicher als in sich wiederholenden alltäglichen Situationen.

Kinder spüren Sinn vor allem im Sein und weniger im Haben

Für eine stabile Entwicklung des Kindes ist das Sein weit wichtiger als das Haben. Wenn die materiellen Grundbedürfnisse wie Ernährung, Wohnen, angemessene Kleidung, Bildung und Gruppenbezug erfüllt sind, leidet das Kind bei weiterer Knappheit im Haben in seiner Entwicklung kaum. Menschen in armen Ländern entwickeln sich auch bei geringer materieller Ausstattung gesund und psychisch widerstandsfähig (resilient). Mangelerlebnisse im luxuriösen Haben belasten die Entwicklung des Kindes erst dann, wenn das Kind seinen Besitz mit anderen vergleicht und sich dadurch minderwertig fühlt, d.h. wenn der Mangel im Haben die Beziehung belastet und dadurch ins Sein hinüber schwappt. Deshalb ist eine relative finanzielle und materielle Gleichheit in Kindergruppen für das Wohlgefühl der Gruppenmitglieder zuträglicher als ein großer Unterschied. Kindergruppen erleben hier den gleichen Einfluss durch materielle Ungleichheit, wie er auch in den Gesellschaften entsteht: In Ländern mit geringer materieller Ungleichheit geben die Menschen ein höheres Wohlgefühl an als in Ländern mit hoher Ungleichheit (Wilkinson/Pickett, 2009). Das ist mit ein Grund, warum viele Kindergärten darum bitten, dass Kinder keine Spielsachen aus ihrer Familie mitbringen oder wenn, dann nur an einem bestimmten Wochentag. Das mitgebrachte Spielzeug symbolisiert den materiellen Unterschied der Familien und führt schnell zu Unzufriedenheit bei den Kindern. Leider stoßen Erzieherinnen mit dieser Bitte bei vielen Eltern auf Widerstand.

Im Gegensatz zu materiellen Einschränkungen sind Kinder, die in ihrer psychischen Entwicklung Mangelerlebnisse ertragen müssen, in ihrer Entwicklung belastet und schmerzhaft eingeschränkt, z.B. Kinder, die

- wenig Anerkennung spüren,
- in ihren Beziehungen keine Stabilität erfahren,
- seelische Verletzungen erdulden müssen,
- nur geringe Bildung erhalten oder aufnehmen können und deshalb nicht in der Lage sind, mit Altersgleichen Schritt zu halten. Sie müssen sich aus diesem Grund in ihrem niedrigen Selbstwertgefühl von ihnen abgrenzen.

Abbildung 7.1: Mit einfachsten Materialien aus ihrer Umwelt werden Kinder im Spiel zum Erfinder und Gestalter. Das stärkt ihr Selbstwertgefühl und vermittelt Lebenssinn.

Auch Verwöhnung kann zu psychischer Instabilität führen und die Suche nach dem Sinn des Lebens schwächen. Geringe Anstrengung kann zwar im Moment glücklich machen, aber auf Dauer befriedigt sie nicht und vermittelt dem Kind wenig Stärke im Sein. Kinder, denen keine Anstrengungen abverlangt oder diese zu schnell abgenommen werden, hören auf, sich herauszufordern und durchzuhalten. Dadurch erfahren sie weniger sinnstiftende Selbstwahrnehmung.

Wenn man Kinder fragt, werten sie selbst die emotionale Sicherheit höher als die materielle Wunschbefriedigung. Befragungen von Kindern (meist erst im Schulalter) ergeben immer wieder, dass ihnen die Beziehungen zu ihren Eltern, Geschwistern und Freunden weit wichtiger sind als materieller Wohlstand. Angst haben sie vor allem vor Verlust von wichtigen Bezugspersonen, vor Konflikten und Missstimmungen in der Familie oder vor eigenem (schulischem) Versagen. Ängste vor materiellem Verlust werden von den meisten Kindern erst an sehr viel späterer Stelle eingeordnet und bei Befragungen genannt.

Die Bedeutung von Geben und Nehmen für das Finden von Sinnerfüllung

Das Kind will den Bezugspersonen oder den Gemeinschaften, in denen es lebt, etwas zu geben haben und für sie von Bedeutung sein. Dabei muss das Geben keineswegs etwas Materielles sein. Im Gegenteil! Arbeit und Helfen, Mitgefühl, Trost zu spenden oder Spielführung zu übernehmen sind neben dem Teilen von Materiellem und dem materiellen Schenken weitere überaus wichtige Formen des Gebens.

Der Mensch will nicht nur nehmen, er will auch geben. Das will auch bereits das Kind. Dass das Kind durch sein Sosein und seine Ausstrahlung den Eltern und anderen Mitmenschen emotional viel zu geben hat, geschieht nebenbei. Dafür strengt es sich nicht an, dafür leistet es nicht bewusst. Es will aber gezielt und mit eigenem Einsatz etwas zu geben haben: Es will den Menschen, die es liebt, eine Freude bereiten und es will etwas Notwendiges zum gemeinsamen Leben beitragen. Es zeigt von sich aus Mitgefühl und tröstet, wenn es Trauer bei Menschen, die ihm nahestehen, spürt. An seinen Erfahrungen des Gebens wächst das Kind in seinem Selbstwertgefühl und in seiner Sinnfindung.

In der Regel sind Menschen, die nichts zu geben haben, etwa in einer Partnerschaft, nicht glücklich. Für das eigene Wohlgefühl müssen Geben und Nehmen in etwa ausgeglichen sein. Das Nehmen hängt zudem vom Erhalten ab, insbesondere bei Kindern. Es beruht deshalb häufig auf Abhängigkeit vom Gebenden und kann eigene Passivität und Schwäche vermitteln. Deshalb kippt

Nehmen ohne Ausgleich von Geben leicht in Fordern um. Fordern ist wieder eine aktive Handlung. Fordern entspringt aus angenommenem Anspruch und signalisiert eine Form von Recht. Man verlangt etwas, weil man glaubt, ein Anrecht darauf zu haben. Das vermittelt eine gewisse Stärke. Konkret kann das so aussehen, dass das Kind, das von den Eltern überversorgt wird, diese Versorgung auch erwartet und sie einfordert, wenn die Eltern sie nicht von selbst geben, etwa mit dem Auto vom Kindergarten abgeholt zu werden, den Rucksack und später die Schultasche nicht selbst tragen zu müssen oder sich nicht bei der familiären Haushaltsführung zu beteiligen.

In einer hohen Anspruchshaltung der Menschen liegt eine Gefahr für die Zukunft. Wenn wir – die Bewohner der Industrieländer – beispielsweise davon überzeugt sind, dass die Ausbeutung der Arbeitnehmer in armen Ländern für unseren Konsum gerechtfertigt ist oder dass deren Hunger und die miserable Bezahlung ihrer Arbeit uns als Handelspartner und Konsumenten nicht zu berühren brauchen – vielleicht, weil das Wirtschaftssystem eben so ist und vom Einzelnen nicht verändert werden kann – dann wird sich Solidarität nicht entwickeln. Lösungen für die Beendigung der Ausbeutung werden nicht gefunden. Eine hohe Anspruchshaltung verhindert solidarisches Denken, und zwar nicht nur die Solidarität mit den jetzt lebenden Menschen, sondern über die Ausbeutung oder Schädigung der Natur auch die Solidarität mit den zukünftigen Generationen. Wenn es in den Industrieländern nicht gelingt, überhöhte Anspruchshaltung zurückzunehmen und solidarisches Denken und Handeln über die nationalen Grenzen und die Gegenwart hinaus zu erweitern, werden die aktuellen Krisen mit der Gefahr zunehmender Kriege um die verbleibenden Ressourcen nicht bewältigt werden können. Der Umgang mit reduzierten Ansprüchen muss deshalb auch aus diesem Grund in der Pädagogik ernst genommen werden.

Eine hohe Anspruchshaltung macht den Einzelnen zudem nicht glücklich, weil seine überhöhte Erwartungshaltung letztlich nie befriedigt wird. Wenn Menschen sich mit denjenigen Menschen vergleichen, die mehr haben als sie selbst, erhält ihr Anspruch ständig »Futter«, denn ihr Vergleich steigert den Anspruch. Wir Menschen in den Industrieländern müssen aber ungekehrte Werthaltungen entwickeln: Nicht Mehr, sondern Weniger muss unser materielles Wertesystem beeinflussen, weil unser Verbrauch zu hoch ist und global fatale Folgen hat. Menschen, die dazu neigen, sich mit denjenigen zu vergleichen, die weniger haben, werden notwendige Veränderungen leichter annehmen können.

Zurück zur Pädagogik: Wenn Kinder in ihrer frühen Kindheit die Freude des Gebens immer wieder erleben und wenn es ihnen selbstverständlich wird, abzugeben, zu teilen und kleine dem Alter angemessene Beiträge für das gemeinsame Familien- oder Gruppenleben zu leisten, bestehen Chancen, dass soziales Wohlgefühl für sie wichtig wird und ihr Leben auch in Zukunft bereichert.

Etwas anderes ist es, wenn das Kind Anspruchshaltungen entwickelt, die auf Gerechtigkeit beruhen, etwa sich ein Spielzeug nicht wegnehmen zu lassen, Vorhandenes gleichmäßig zu verteilen oder dafür einzutreten, dass sich bei einem Einsatz alle beteiligen. Wenn Anspruchshaltungen aber den sozialen oder auch den ökologischen Aspekt außer Acht lassen, sind sie schädlich und für die Zukunftsbewältigung nicht hilfreich.

Arbeit als deutliche Form des Gebens

Eine Form des Gebens, die Kinder durchaus in kleinem überschaubarem Rahmen leisten können, sind Arbeitsbeiträge. Arbeit verfolgt im Gegensatz zum Spiel eine Wirkung in der Realität, während ein Spiel um seiner selbst willen vorgenommen wird, einzig und allein aus Lust an der Handlung. Spiel hat nur in seinen Nebenwirkungen Einfluss auf die Realität, etwa in der damit verbundenen Lernleistung, in der Notwendigkeit, anschließend aufzuräumen, oder in der Freundschaft, die durch das Spiel gefestigt oder durch Konflikte erschwert werden kann. Deshalb ist das Unterscheidungsmerkmal von Spiel und Arbeit nicht die Freude an der Tätigkeit, wie zuweilen angenommen wird, sondern die Folge in der Realität. Wer arbeitet, tut das, weil sie oder er das Ergebnis in der Realität verwenden will oder soll, unabhängig davon ob die Tätigkeit Freude macht oder nicht. (Natürlich ist es wünschenswert, dass Arbeit Freude macht!)

Gezieltes Lernen, etwa die Farben zu benennen, eine Schleife zu binden oder die Kulturtechniken zu erlernen, hat auch eine Folge in der Realität, weil das Lernergebnis im Mittelpunkt steht und das Kind die neuen Kenntnisse jetzt oder später für eine gute Bewältigung seines Lebens einsetzen soll. Die Ergebnisse des Lernens dienen vorrangig der Gestaltung der eigenen Zukunft. Im Gegensatz zur

Abbildung 7.2: Spiel und Arbeit haben einen fließenden Übergang: Spielend das Wasser erforschen, sich spielend in die Rolle der Mutter versetzen oder gezielt der Mutter eine Arbeit abnehmen?

Arbeit beinhaltet beabsichtigtes Lernen nur am Rande den sozialen Aspekt, der bei Arbeit deutlich im Mittelpunkt steht. Wenn ein Kind z.B. gelernt hat, eine Schleife zu binden, und deshalb keine Hilfe mehr benötigt, werden die Eltern und Erzieherinnen entlastet und das Kind kann zudem anderen Kindern helfen, indem es deren Schleifen bindet. Darin liegt der soziale Anteil dieses Lernfortschritts.

Weil es Freude macht und Stolz hervorruft, etwas geben zu können, kann der soziale Aspekt zum Lernen motivieren, etwa eine Tätigkeit zu lernen, um der Familie oder der Gemeinschaft die erlernte Leistung anzubieten, z.B. kochen zu lernen oder eben die Schleife zu binden. In diesem Zusammenhang wird das Lernen mit einer Arbeit verbunden. Es macht eben mehr Spaß, dem Vater die Schuhe glänzend zu bürsten oder Pfannkuchen für die Familie zu backen als etwa das Kinderzimmer aufzuräumen oder die Zähne zu putzen. Allerdings werden die Arbeitsleistungen für die eigene Person, etwa das lästige Aufräumen, auch durch die Regelmäßigkeit und Häufigkeit schneller uninteressant und langweilig.

Die Übergänge der drei Handlungsformen Spiel, Arbeit und Lernen sind fließend. Sie werden vorrangig von der jeweiligen Motivation und der inneren Einstellung des handelnden Kindes bestimmt: Will es spielen, ist es vom erwarteten Lernzuwachs fasziniert oder will es für die Realität eine brauchbare Leistung erbringen? Im konkreten Beispiel: Spült das Kind das Geschirr, weil es Spaß macht, weil es wissen will, wie man das mit dem kratzenden Schwamm macht oder weil es der Mutter eine Arbeit abnehmen will?

Unterschiedliche Formen des Gebens mit ihren bestärkenden Entwicklungsanregungen

Neben verschiedenartiger Arbeit haben andere Formen des Gebens ebenfalls einen wichtigen Einfluss auf das sinnerschließende Denken und Handeln des Kindes und auf seine wachsende Gemeinschaftsfähigkeit. Dazu gehören Teilen und Schenken, Mitgefühl, Hilfsbereitschaft, einen Rat geben, sich bei der Suche nach einer Problemlösung beteiligen, Mitverantwortung übernehmen und Trösten. Das Kind entwickelt bereits mit zwei Jahren die Fähigkeit, Gefühle bei nahestehenden Menschen nachzuempfinden und Trost zu spenden, etwa die Trauer der Mutter wahrzunehmen und sie zu streicheln oder sich anzuschmiegen.

Während das Kind eine Arbeit einfach nur als Auftrag ausführen kann, stehen bei seinem Mitgefühl und Trösten das eigene Empfinden und die selbstbestimmte Motivation deutlicher dahinter. Das Kind kann aufgetragene Arbeit als verpflichtend und lästig empfinden, vor allem dann, wenn sie zu umfangreich oder zu gleichförmig wirkt und andere Bedürfnisse dadurch zu stark eingeschränkt werden. Auch etwa Hilfsbereitschaft und Teilen können vom Kind als verpflichtend ausgeführt werden. Wenn das Kind in den Gemeinschaften, in denen es lebt, das Geben auch bei anderen Mitgliedern erlebt und wenn es Anerkennung spürt, die ihm für sein Geben (ohne Übertreibung) entgegengebracht wird, kann es Geben selbstbestimmter und verantwortlicher erlernen.

Bei dem Geben von materiellen Dingen ist es wichtig, dass das Kind nicht nur das Verteilen übernimmt, etwa jedem in der Runde eine Süßigkeit zureicht, sondern sein Geben mit einem eigenen Einsatz verbindet. Das Geben wird erst dann zu einer wirklichen Leistung des Kindes, wenn es dabei den eigenen Beitrag spürt. Das Verteilen von Dingen, etwa von der Mutter gebackenen Kuchen bei seiner Geburtstagsfeier, kann als Vorstufe für kleinere Kinder zum eigentlichen Geben hinführen. Für zwei- oder dreijährige Kinder ist das eine gute Einstimmung auf das Geben. Ältere Kinder empfinden dabei symbolisch ihre Rolle als Gebender. Das Kind erfährt dabei die Freude des Verteilens, aber es gibt nicht wirklich von dem, was es hat oder kann. Wenn das Teilen einen eigenen Beitrag oder Verzicht beinhaltet, also das Kind z.B. vom eigenen Besitz abgibt oder sich für das Geben angestrengt hat, enthält sein Beitrag Tiefgang und Echtheit. Mit zunehmendem Alter braucht das Kind dieses echte Geben. Wenn das Kind dagegen das Verteilen ohne eigenen Einsatz häufig ausführt, kann es seinem Bedürfnis, etwa zu geben, sogar schaden, weil das Verteilen Wohlgefühl und Machtstellung vermittelt, die eigene Leistung aber fehlt.

Eine andere Vorstufe des Gebens oder »halbechte Arbeit« ist es, wenn das Kind sich bei einer Arbeit der Erwachsenen beteiligt, einfach weil es Spaß macht, ohne dabei in irgend einer Weise an den Arbeitsbeitrag zu denken, den es mit diesem Einsatz gibt: Es hilft z.B. beim Backen oder löst lustvoll den Erwachsenen im Garten beim Gießen mit dem Schlauch ab, weil es Feuerwehr spielen will. Gegen solche lustbetonten Aktivitäten mit der Nebenwirkung einer Arbeit ist natürlich nichts einzuwenden. Sie machen Freude und vermitteln dem Kind nebenbei, dass es einen Beitrag gebracht hat, der dankend angenommen wurde. Mit zunehmendem Alter soll das Kind solche Einsätze allerdings nicht abbrechen, wenn die Lust nachlässt, sondern seinen Einsatz wenn möglich zu Ende führen, um das Gefühl des Gebens voll zu empfinden. »In allen Gesellschaften, die wir kennen, wie gerecht sie auch sein mögen, ist es für den Einzelnen wichtig, in der Gesellschaft eine bestimmte Funktion zu haben.« (Jackson 2011, S. 192).

Sinnfindung bei ökologischen und global sozialen Themen

Kinder leben in ihrer frühen Kindheit im Hier und Jetzt. Es interessiert sie, was sie gerade erleben. Global und ökologisch zu denken, ist für sie noch fern. Sie sind aber bereits in der Lage, soziale Gefühle für Menschen, die sie nicht direkt erleben, zu entwickeln, etwa in Erzählungen. Sie nehmen auch die Empfindsamkeit von Naturprozessen wahr, beispielsweise die Verletzbarkeit kleiner unscheinbarer Tiere oder empfindsamer Pflanzen. Im Kindergartenalter sind Kinder auch bereits fähig und bereit, Naturprozesse zu schützen und zu pflegen und darin einen Sinn zu sehen. Das werden sie vor allem dann, wenn sie ein entsprechend überzeugendes Verhalten bei ihren Bezugspersonen erleben (siehe Kapitel 2.2).

Beispiele:

- Die meisten Kinder betrachten kleine Tiere, etwa Würmer, Schnecken, Käfer, mit großem Interesse. Von den jahreszeitlichen Veränderungen in der Natur sind sie fasziniert. Um zu erkennen, dass die Fülle der Natur nicht endlos ist, brauchen sie allerdings Erklärungen, etwa dass viele Pflanzen ihre abgepflückten Blätter im gleichen Jahr nicht mehr erneuern können oder sogar ganz absterben, dass Wassermangel den Pflanzen und Tieren schadet oder dass ein gefällter Baum ein ganzes Menschenleben benötigen kann, um groß zu werden.
- Kinder, die dazu beitragen, einen Komposthaufen anzulegen, zu pflegen und den fertigen Kompost zu nutzen, können erfassen, wie Natur ihre Materialien verwandelt und erneuert. Später werden sie erkennen, dass unberührte Natur keinen schädlichen Müll produziert, sondern sich in Kreisläufen erneuert.
- Wenn Kinder, wie in Kapitel 2.2 beschrieben, Hundehalter davon abhalten, ihre Hunde in den Teich mit Kaulquappen zu schicken, haben sie aus ihrer

Sicht eine Initiative ergriffen, um die Kaulquappen zu schützen, und zwar nicht nur mit eigenem Engagement, sondern sie haben zusätzlich andere Menschen zu verantwortlichem Verhalten angehalten. Sie haben versucht, ein Biotop zu schützen.

Abbildung 7.3: Welche Fülle von faszinierendem Leben birgt so eine faulende Rinde!

In ihren letzten Kindergartenjahren können Kinder auch global soziales Denken und Handeln an konkreten Beispielen erfassen und umsetzen. So wie sie sich in Menschen oder Tiere versetzen und Mitleid mit ihnen empfinden können, von denen ihnen in Geschichten erzählt wird, können sie sich Menschen vorstellen, die entfernt wohnen. Kindergärten machen die Erfahrung, dass Kinder Interesse an den Ländern von Gruppenmitgliedern mit Migrationshintergrund zeigen oder dass sie bereit sind, beispielsweise von ihrem Spielzeug abzugeben, um durch einen Flohmarkt Geld einzunehmen, mit dem einem fremden Kindergarten in einem armen Land geholfen werden soll. Mitleid wird dem Menschen erleichtert, wenn er hilfsbereit das Leid lindern kann. Diese Erleichterung spüren auch Kinder. Sie fühlen sich stark und nehmen das Leiden anderer weniger schmerzhaft wahr, wenn sie sich engagiert zur Linderung dieser Not einsetzen können. Kinder empfinden es deshalb durchaus lustbetont, wenn sie kleine Opfer bringen, um irgendwo ein Leid zu verringern, abgesehen vom Stolz auf die erbrachte Leistung. Eltern sollten allerdings bei so einer Spielzeugsammlung ein Auge darauf haben, weil Kinder in spontaner Hilfsbereitschaft einen Gegenstand abgeben können, der ihnen später schmerzlich fehlt oder den sie mit Verlustgefühlen bei einem anderen Kind wiederfinden, dessen Eltern den Gegenstand im Flohmarkt gekauft haben.

7.2 Sinn-voll miteinander leben und sinnerschließendes Denken und Handeln fördern

Eltern, denen es wichtig ist, ihren Kindern zu einem sinnerfüllten Leben zu verhelfen, werden sich durch ihre Kinder veranlasst fühlen, ihr eigenes Leben zu hinterfragen. Das gemeinsame Zusammenleben im Alltag werden sie häufig kritisch betrachten, um den Tagesablauf *sinn-voll* zu gestalten. Ihr Vorbildverhalten werden sie ernst nehmen, denn das Kind baut später in den Jugendjahren seine ethischen und sozialen Werthaltungen vorrangig am konkret erlebten Vorbild seiner Eltern oder anderer nahestehender Bezugspersonen auf. Wie die Erwachsenen das Denken und Handeln des Kindes bewerten, ist ein weiteres Standbein für die Entwicklung von Moral und Ethik. Die Erwachsenen werden das Kind zu Einfühlung, Hilfsbereitschaft, Rücksicht und dem Teilen anregen. Sobald das Kind erfasst, dass das Zusammenleben in der Familie oder in anderen Gemeinschaften einen Einsatz von den Mitgliedern verlangt, werden sie das Kind dazu anhalten, sich in einem kleinen angemessenen Rahmen zu beteiligen. Dafür werden sie nach Gelegenheiten suchen, bei denen das Kind mit einer kurzen überschaubaren und lustbetonten Arbeit zum Gemeinschaftsleben beitragen kann. Zusätzlich benötigt das Kind das Gespräch auch schon im Kindergartenalter. Das Kind nimmt die Offenheit der Erwachsenen für Sinnfragen wahr und fühlt sich zu Fragen ermuntert. Wenn das Kind sich mit eigenen Ideen einbringt, werden Eltern – und im Rahmen ihrer Möglichkeit auch die Erzieherinnen – darauf reagieren und das Kind in seiner Sinnfindung bestärken. Die Ideen, die das Kind selbst entwickelt hat, erschließen ihm die Einmaligkeit seines Daseins. Ich-Spuren werden erkennbar.

Den Alltag sinnerfüllend und stärkend gestalten

Es gibt im Zusammenleben viele kleine Gelegenheiten, in denen mitfühlendes, soziales und ökologisch sensibles Verhalten zum Ausdruck kommen kann. Es sind gerade die kleinen Dinge, die den Alltag gestalten. Die großen Dinge bieten Höhepunkte, aber die kleinen geben dem Alltag Farbe und Konkretisierung. Deshalb ist für ein sinnerfülltes Leben ein bewusster Blick auf die kleinen täglichen Abläufe wichtig.

Beispiele:

- Wenn das Aufstehen morgens in Ruhe geschieht und jeder Zeit hat, richtig wach zu werden und sich in seinen Tag einzudenken, dann ist das Miteinander friedlicher und harmonischer als wenn durch Zeitdruck Unruhe und Gereiztheit entstehen.
- Bei den Mahlzeiten tragen Rituale dazu bei, soziales Denken und Handeln zum Ausdruck zu bringen. Ökologisch bewusstes Handeln kann gelebt und bei Bedarf dem Kind in Ansätzen begründet werden (Kapitel 4.2).
- Wenn Erwachsene die Ideen und Handlungsvorschläge der Kinder sensibel wahrnehmen, wenn möglich aufgreifen und unterstützen, vermitteln sie dem Kind, dass es einmalig ist und deutliche Spuren hinterlässt.
- Erwachsene, die sich eigene Gedanken und Gefühle bewusst machen und sie aussprechen, veranlassen das Kind, sich ebenfalls in seinen Überlegungen und Gefühlen wahrzunehmen. Bewertungen von Situationen und Geschehnissen, in die das Kind einbezogen ist, die ihm verständlich sind oder ihm erklärt werden können, tragen dazu bei, dass es sinnerschließend zu denken lernt. Es wird z.B. darüber gesprochen, dass und warum es nötig oder nicht nötig ist, für die geplante kurze Strecke das Auto zu benutzen; dass das Kind die Blume bitte nicht abpflücken soll, damit sich noch andere

Leute daran freuen können; dass die Mutter die Waschmaschine nicht anstellen will, weil sie noch nicht voll ist; dass die alte Nachbarin sich freut, etwa wenn wir sie fragen, ob wir bei unserem Einkauf etwas für sie besorgen sollen.

- Rücksichtnahme und Hilfsbereitschaft kann das Kind im Kindergartenalter auch über die eigene Familie hinaus entwickeln. Viele Eltern achten z.B. darauf, dass ihre Kinder in der Wohnung unnötige Verschmutzung vermeiden, etwa die Straßenschuhe in der Wohnung ausziehen, damit nicht mehr als nötig geputzt werden muss. Zuweilen übersehen sie aber, die Kinder dazu anzuhalten, bereits beim Betreten des Mehrfamilienhauses die Schuhe auf der Fußmatte abzustreifen. Die Rücksicht des Kindes wird nur auf die enge Lebensgemeinschaft der Familie gerichtet. Die soziale Öffnung nach außen wird übersehen. Sie beachten nicht, das Kind dazu anzuhalten, die Arbeit der Person, die das Treppenhaus putzt, wahrzunehmen, wertzuschätzen und niedrig zu halten. Gerade wenn es gelingt, bei alltäglicher Rücksichtnahme auch anonyme Personen einzubeziehen (Personen, die das Kind nicht kennt oder zu denen es keinen Bezug hat), kann diese Grundhaltung dazu beitragen, später globale Verantwortlichkeit ernst zu nehmen.

Dem Kind überschaubare Arbeitsbeiträge anbieten und die Ausführung betreuen

Leider haben viele Kinder bei uns nur wenige Gelegenheiten für das Geben in Form eines sinnvollen Arbeitsbeitrags. In der Familie oder auch im Kindergarten haben die Erwachsenen die Haushaltsarbeit schneller allein erledigt als wenn sie sich vom Kind dabei helfen lassen. Eltern und Erzieherinnen müssen sich deshalb bewusst darum bemühen, geeignete kleine überschaubare Arbeitsleistungen und andere Formen des Gebens für Kinder zu finden. Arbeit muss im Gegensatz zum Spiel auch angeleitet und betreut werden. Sie setzt voraus, dass ein gutes Ergebnis angestrebt wird und verlangt vom Kind und von der pädagogischen Anleitung Zielstrebigkeit und zuweilen auch Durchhaltevermögen. Kinder zu einer Arbeit anzuleiten, kostet Zeit. Arbeit soll in der frühen Kindheit lustvoll sein. Es geht dabei um das erlebte Gefühl des Kindes, einen Beitrag geben zu können.

Damit sich das Kind an verpflichtenden Einsatz gewöhnt, ist eine allmählich zunehmende Kontinuität bei seinen Arbeitsbeiträgen sinnvoll. Später neben der Schule braucht das Kind genügend Zeit für Spiel und andere selbstbestimmte Tätigkeiten. Deshalb soll auch dann sein leistungsorientierter Einsatz für die (familiäre) Gemeinschaft nur kurz sein. Aber die Gefahr zu langer Arbeitseinsätze besteht heute in den Familien (in Deutschland) selten. Eher wird das entwicklungsnotwendige Spiel des Kindes durch viel schulisches und vorschulisches Lernen oder auch durch einseitige Spielformen am Computer zu stark eingeschränkt.

Bei der Betreuung von Arbeit werden Eltern ihr pädagogisches Vorgehen durchdenken. Dazu gehört vor allem:

Zielstrebigkeit: Weil »Ernsthandlungen« Wirkungen in der Realität anstreben, setzen sie Qualität voraus. Das Vorhaben muss in der Regel zu Ende geführt werden und soll die Empfangenden zufriedenstellen. Das vierjährige Kind ist mit sich zufrieden und denkt auch, dass die Empfänger zufrieden sind, wenn es der Mutter bei einem Teil der Arbeit geholfen hat, beispielsweise beim Kuchenbacken für den Opa oder wenn es drei Geschirrteile abgetrocknet hat. Vom sechsjährigen Kind erwartet die Mutter mehr, und das Kind selbst wahrscheinlich auch. Es will die geplante Leistung zu Ende bringen, um mit sich zufrieden zu sein, häufig auch dann, wenn die Lust an der Arbeit nachlässt. Deshalb ist es zweckmäßig, lustvolle und keine zu umfangreichen Arbeiten auszuwählen oder von vorneherein klarzustellen, um welchen Teilbeitrag es bei der Gesamtarbeit geht, etwa bei der Reinigung der Wohnung, beim Kochen oder beim Aufräumen des Spielmaterials. Um dem Kind die Bedeutung einer Arbeit bewusst zu machen, erklären die Erwachsenen ihm die Wirkung für die Empfänger oder die Notwendigkeit dieser Leistung für die Gemeinschaft. Sie ermuntern ggf. zu Ausdauer und Anstrengung.

Bestärkung und Lob: Oft wird der Erwachsene Mut machen und auch loben. Lob darf allerdings nicht inflationär gegeben werden. Es verliert sonst an Wirkung und an Klarheit bei der Bewertung. Abgesehen davon soll das Kind seinen Beitrag für das gemeinsame Leben mit zunehmendem Alter als Selbstverständlichkeit für das harmonische Zusammenleben ansehen und auch um der Sache willen seine Leistung gut erbringen und nicht um des Lobes willen. Eine Stel-

Abbildung 7.4: Zu den wechselnden Diensten gehört in diesem Kindergarten das Kehren eines Teils des Spielhofes. Die meisten Kinder übernehmen diese Aufgabe gern und verlässlich.

lungnahme, wie die Arbeit gelungen ist, gehört natürlich zur Anleitung. Sie gibt dem Kind eine bestätigende Rückmeldung und kann den Wert seines Beitrags erhöhen oder auch relativieren. In der frühen Kindheit erfüllt das Kind Aufträge noch der Bezugsperson zuliebe und braucht auch deshalb die Rückmeldung und Bewertung von der Person, die die Anleitung übernahm oder den Auftrag erteilte. Aber das Kind muss deshalb nicht zu stark in den Himmel gehoben werden. Es würde sonst seinen Beitrag als etwas Besonderes und Einmaliges ansehen und eigene Verantwortlichkeit und Pflicht zur Mitwirkung des Gemeinschaftslebens nicht oder zu schwach entwickeln.

Lob kann auch abhängig machen. Das Kind holt sich dann die Bestätigung seines Einsatzes nicht aus dem Ergebnis, sondern aus dem Lob. Das kann dazu führen, dass das Kind sich nur dann einsetzt, wenn es mit Lob rechnet. Eine solche Motivationsrichtung vermindert Selbstbestimmung und Verantwortung. Das Kind soll eines Tages selbst erkennen, wo und wann sein Beitrag sinnvoll ist, anstatt sich nach Aufträgen zu richten. Wenn dann die Eltern womöglich das Lob auch noch durch materielle Belohnungen verstärken, wird Hilfsbereitschaft noch deutlicher zur Ware, für die das Kind immer eine Gegenleistung erwartet. Arbeitseinsatz für die eigene Familie mit Geld zu belohnen, ist deshalb kritisch zu betrachten und sollte – wenn überhaupt – auf begründete Ausnahmen beschränkt werden.

Zu Mitgefühl als einer Form des Gebens anregen

Schon zweijährige Kinder sind – wie bereits gesagt – in der Lage, Mitgefühl (Empathie) zu zeigen. Sie können z.B. ein Kind, das sich verletzt hat, streicheln, sie reagieren betroffen, wenn sie die Mutter als traurig wahrnehmen. Wenn das Kind Mitgefühl äußert, werden Eltern oder andere Betroffene die Gefühlsäußerung annehmen und Dankbarkeit rückspiegeln, damit das Kind die Wirkung seines Mitgefühls erkennt und bestärkt wird. Andernfalls erhält das Kind nicht die Bestätigung, zu einer Problemlösung beigetragen zu haben. Mitgefühl ist die Voraussetzung, sich in andere Menschen einzudenken und ihr Handeln zu verstehen.

Das Kind braucht allerdings – ebenso wie bei der Arbeit – keinen materiellen Dank dafür zu bekommen, etwa Süßigkeiten. Ein solcher materieller Lohn würde das Geben des Kindes abschwächen, weil sein Geben durch das Gegengeschenk ausgeglichen wird. Das Kind wird dadurch in die schwache Position gedrückt, denn das materielle Geben ist eine Sache des Erwachsenen. Außerdem würde Emotionalität (bzw. das Sein) mit Materiellem (dem Haben) übertönt. Dagegen ist der Dank auf der emotionalen Ebene – ausgedrückt durch Gesten, Zärtlichkeit und Worte – für das Kind wichtig, um zu erkennen, dass seine Initiative einen Erfolg gebracht und seinem Leben Bedeutung gegeben hat.

Teilen und Abgeben hängt auch mit Mitgefühl zusammen. Wenn das Kind z.B. von einer Geburtstagseinladung mit einer Tüte voller Bonbons zurückkommt, ist es schwer für die Schwester oder den Bruder, nichts abzubekommen, vor allem dann, wenn Süßigkeiten keine Selbstverständlichkeit in der Familie sind. Natürlich soll das eingeladene Kind den größten Teil behalten und selbst auch damit rechnen können, in umgekehrtem Fall ebenfalls einen kleinen Teil zu erhalten.

Alltägliche Sinnfragen erörtern und dem Kind helfen, Standorte zu finden

Eine andere wichtige Form, das Kind bei seiner Suche nach Sinn und Bedeutung zu unterstützen, bietet das erörternde Gespräch mit dem Kind. Da sind zunächst die vielen Sinnfragen des Kindes zu beantworten: »Warum will der Bettler Geld haben und warum hast du ihm nichts gegeben?«, »Warum machen die Menschen einen Montagsspaziergang?«, »Was passiert mit den Menschen, die sterben?« oder auch häufig wie in einem der obigen Beispiele: »Die anderen im Kindergarten haben alle … Warum bekomme ich das nicht?« Wenn diese Fragen schnell mit einem ausweichenden Satz abgetan werden, würde das nicht nur bedeuten, die dahinter stehende Sinnfrage nicht beantwortet zu haben, sondern würde das Kind auch beeinflussen, Sinnfragen weniger zu stellen und weniger darüber nachzudenken. Der erörternde Dialog ist ein Kernbereich für die Unterstützung von sinnerschließendem Denken und Handeln. Allerdings dürfen Erklärungen auch nicht zu lang sein. Erwachsene müssen sensibel das Interesse und die Auffassungsfähigkeit des Kindes erspüren und re-agieren. Es kann schnell passieren, dass sie aus eigenem Bedürfnis Erklärungen suchen und sie formulieren, um sich selbst den eigenen Standort bewusst zu machen. Dabei kann die Wahrnehmungsfähigkeit des Kindes unbemerkt überzogen werden.

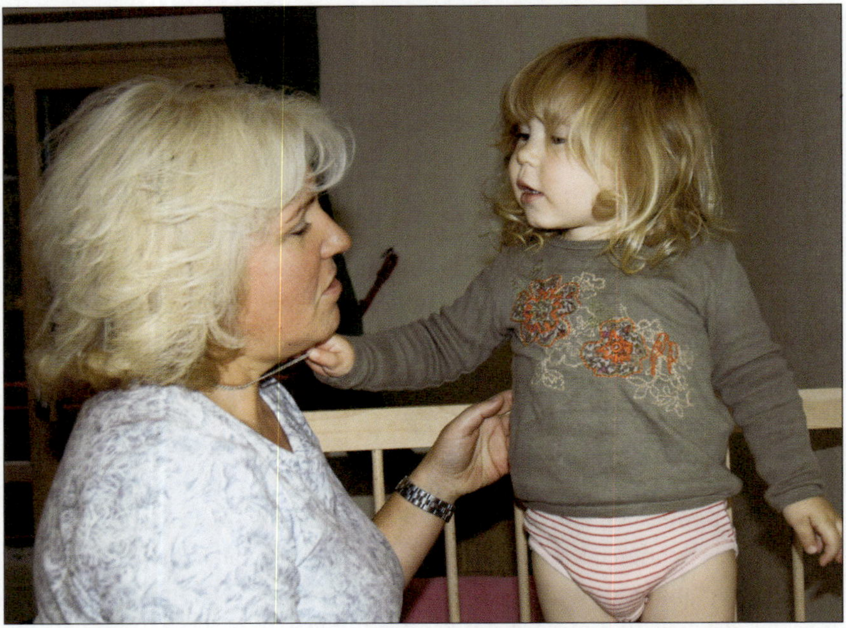

Abbildung 7.5: Der Erwachsene nimmt die Mitteilungswünsche des Kindes ernst, insbesondere zu Beginn der Sprachfähigkeit, damit das Kind bereit bleibt, seine Gedanken in Worte zu fassen und sich Auskünfte einzuholen.

Wenn Kinder bei Planungen beteiligt werden, die sie durchschauen können, fühlen sie sich in den Denkprozess einbezogen und bemühen sich selbst öfter um durchdachtes Planen und um entsprechende Sinnsuche. Kinder, die in die Planung einbezogen worden sind, werden sich vielleicht auch bei einem kurzen reflektierenden Nachgespräch beteiligen können und wollen.

Ein Beispiel:

- Ein Elternteil erklärt und fragt das Kind vor dem gemeinsamen Weg zum Kindergarten: »Ich muss heute noch Brot einkaufen, Lisa. Ich überlege, ob wir das auf dem Weg zum Kindergarten gemeinsam machen oder ob ich allein auf dem Rückweg zum Bäcker gehe. Willst du möglichst schnell im Kindergarten sein oder willst du mit zum Bäcker gehen?« Bei der Ankunft im Kindergarten fragt der Erwachsene vielleicht: »War es jetzt gut, dass du zum Bäcker mitgegangen bist, Lisa, oder ist es schade, dass du nicht schon früher im Kindergarten warst?« Natürlich dürfen solche Gespräche mit dem Kind nicht lang sein, damit das Kind interessiert bleibt.

Ebenso können Berichte über Geschehnisse kurze Stellungnahmen zu Wirkungen und Bewertungen enthalten. Das Kind erzählt z.B., dass es heute im Kindergarten mit Aaron im Hof gespielt hat. Die Mutter fragt: »War das schön?« oder »Spielst du gern mit Aaron?« oder um mehr als nur ein Ja oder Nein zu erreichen »Was habt ihr gespielt und wer von euch beiden hatte die Spielideen?«

Wenn Erwachsene sich um eine Sprache bemühen, die Sinn und Gehalt zum Ausdruck bringt und Bedeutungen formuliert, regen sie das Kind dazu an, ebenfalls hinterfragend zu denken. Unwillkürlich neigen Erwachsene dazu – vor allem wenn sie unter Druck stehen – Kindern gegenüber viel in Befehlssätzen zu reden und wenig auf Ziele und Bedeutungen zu achten. Begründungen müssen bedacht gegeben werden. Sie benötigen deshalb Zeit und innere Ruhe. Natürlich provozieren Kinder auch, um ihre Wünsche durchzusetzen. Mit Warum-Fragen wollen sie z.B. Aufforderungen hinauszögern oder umgehen. Erklärungen, die dem Kind bekannt sind, brauchen keineswegs mehrfach wiederholt zu werden. Dagegen sind echte Warum-Fragen natürlich ernst zu nehmen.

Beispiel:

- Die Eltern bitten Fabia, die gelesene Zeitung zu den Nachbarn zu bringen, damit diese sie auch lesen können. Wenn Fabia die Eltern jetzt fragt, warum die Nachbarn sich nicht selbst eine Zeitung kaufen, kann das ein Protest sein, weil Fabia den Auftrag nicht erfüllen will. Sie kann aber auch wirklich die Hintergründe erfragen wollen. Dann werden die Eltern mit ihr Gründe durchdenken: Ersparnis von Papier (das letztlich aus Bäumen gemacht wird, auch wenn die Zeitung selbst vielleicht auf Recyclingpapier gedruckt wurde), unnötige Geldausgabe, anderen eine Freude machen, Freundschaft festigen, Dank für deren Hilfsbereitschaft.

Die kindliche Weltaneignung mit Literatur vertiefen

Eine weitere Möglichkeit für Gespräche mit ethischen Gedanken und für Bewusstmachung von Sinn und Bedeutung bietet die Kinderliteratur: Bilderbücher,

Märchen und Geschichten. Etwa das bekannte Bilderbuch »Die kleine Raupe Nimmersatt« von Eric Carle regt das Kind dazu an, über den äußeren (und inneren) Wandel von Lebewesen nachzudenken und darüber zu sprechen: Die unansehnliche und gierige Raupe wird zum schönen und beschwingten Schmetterling. Sie hat das Raupendasein für ihren Prozess benötigt. Allerdings muss über diesen Wandel nicht unbedingt gesprochen werden. Das Kind verinnerlicht das bildlich dargestellte Geschehen auch ohne zusätzliche erklärende Sprache und macht sich dazu seine Gedanken.

Die nach wie vor beliebten Märchen enthalten eine Moral, die heutigen ethischen Vorstellungen nicht immer entspricht, etwa die häufige Rolle der gehorsamen und wenig selbst entscheidenden Frau oder die Rolle der bösen Stiefmutter. Deshalb müssen Märchen nicht grundsätzlich abgelehnt werden. Ein Gegengewicht zu solchen Märchen können andere Geschichten bieten. Pipi Langstrumpf etwa zeigt ein gegensätzliches Frauenbild. Pipi ist keineswegs gehorsam, erkennt aber, wann sie mit ihren Fähigkeiten Gutes und Sinnvolles leisten kann. Sie verantwortet selbst und ist überaus mutig und abenteuerlustig.

Manche Kindersendungen und Videos eignen sich bei älteren Kindergartenkindern und im Grundschulalter ebenfalls für Auseinandersetzungen und Nachdenklichkeiten über Sinn und Bedeutung des Lebens. Das ist einer von mehreren Gründen, warum Eltern gemeinsam mit den Kindern Sendungen sehen sollten. Wenn die Eltern je nach Film im Nachhinein zu Nachdenklichkeit anregen oder signalisieren, dass sie für Gespräche über das Gesehene bereit sind, wird beim Kind Sinnsuche angestoßen.

Die Entwicklung ökologischer und global-sozialer Ethik anbahnen

Geburt und Tod und alles, was mit Schöpfung, mit Leben und Vergänglichkeit zusammenhängt bis hin zu den Jahreszeiten, sind Bereiche, die Kinder interessieren, die sie nachdenklich machen und sie nach Lebenssinn suchen lassen. Im letzten Abschnitt von 7.1 habe ich an Beispielen dargestellt, dass Kinder im sechsten und siebten Lebensjahr in der Lage sind, in Ansätzen global soziale und ökologische Prozesse zu erahnen. Wenn das Kind beispielsweise einen Regenwurm, der auf dem Asphalt zu vertrocknen droht, rettet, erkennt es die Schutzbedürftigkeit und die Verwundbarkeit kleiner Tiere. Später im Schulalter wird es diese

Erkenntnisse erweitern und z.B. darüber sprechen können, dass und warum Regenwald nicht abgeholzt und durch Monokulturen ersetzt werden darf.

Wie immer ist das Vorbild für ein Kind neben Erklärungen wichtig. Beides muss übereinstimmen. Wenn etwa die Mutter vom Kind erwartet, dass es den verirrten Regenwurm vom Asphalt in feuchte Erde trägt, selbst so etwas aber nie macht, wirkt sie nicht wirklich überzeugend. Allerdings würde das Kind für diese Unstimmigkeit Verständnis aufbringen, wenn die Mutter erklärte, dass sie es nicht schafft, einen Regenwurm anzufassen, zugleich aber in anderen Situationen bereit ist, kleine Tiere zu schützen und zu retten, etwa wenn sie einen verirrten Schmetterling oder eine Biene am Fenster behutsam ins Freie leitet. Das Kind kann von dieser Situation ableiten, dass es mehr kann als die Mutter. Das macht stolz und schwächt es nicht, sondern bestärkt es in seinem Handeln.

Beispiele für das Anbahnen von global sozialem und ökologischem Denken und Handeln:

- Eltern besuchen mit ihrem Kind eine öffentliche Kinderbücherei und leihen gemeinsam Bilderbücher aus. Über den achtsamen Umgang und die pünktliche Rückgabe sprechen sie mit dem Kind, damit ihm das »Gemeingut« am Beispiel der Bücher bewusst wird. Vielleicht lässt sich gleich ein Gespräch über andere Gemeingüter (Kollektivgüter) anschließen, etwa den öffentlichen Spielplatz, den Park, die Straßen, die Kirche oder auch das gemeinsam mit Nachbarn angeschaffte Werkzeug. Jeder, der ein Gemeingut benutzt, ist dafür verantwortlich, es in gutem Zustand anderen Menschen zu überlassen. Möglicherweise kann das Kind bereits das System der Steuer erfassen, nämlich dass jeder, der Geld verdient, einen kleinen Teil davon abgibt. Davon werden unter anderem die Gemeingüter gepflegt. Später wird es erkennen, dass selbst die Luft ein Gemeingut ist, das nicht von einzelnen Gruppen oder Ländern übermäßig beeinträchtigt und beschädigt werden darf.
- Eltern, die z.B. miteinander darüber reden, dass sie bei der nächsten Versammlung der Hausgemeinschaft anregen wollen, wie früher einen Raum im Keller als Wäsche-Trockenraum einzurichten, werden ihre Überlegungen dem zuhörenden fünf- oder sechsjährigen Kind begründen: »Wäschetrockner verbrauchen sehr viel Strom. Hoher Stromverbrauch verunreinigt die Luft und trägt dazu bei, dass es in manchen Ländern zu viel und in an-

deren Ländern zu wenig regnet. Solange es noch nicht genügend Windräder gibt, müssen wir mit Strom sparsam umgehen.« Natürlich lässt sich argumentieren, dass Kinder in ihrer frühen Kindheit Sicherheit brauchen und wenn möglich nicht mit Gefahren konfrontiert werden sollten. Bei der heutigen Medienpräsenz ist es aber kaum möglich, Kinder über ökologische und andere ernsthafte Gefahren nicht zu informieren. Etwa im Kindergarten wird das eine oder andere Kind von Katastrophen dieser Art erzählen. Deshalb ist es besser, über Gefahren mit dem Kind zu sprechen als sie zu tabuisieren und das Kind mit zufällig gehörten Teilinformationen alleinzulassen.

- Ein städtischer Kindergarten organisiert zweimal im Monat einen Waldtag. Wenn die Gruppe aus dem öffentlichen Bus aussteigt, ist der Weg zum Wald nicht weit. Die Erzieherinnen haben vor dem Betreten des Waldes ein Ritual eingeführt: Der Wald wird gemeinsam begrüßt. Während sich die Gruppe ruhig verhält, sagt eine der Erzieherinnen oder eins der Kinder laut zu dem Wald, dass die Gruppe weiß, dass der Wald den Tieren gehört. Die Kinder danken dem Wald, dass sie ihn als Gäste benutzen und in ihm spielen dürfen. Sie versichern, dass sie seine Tiere und Pflanzen schützen wollen. Bevor sie auf dem Heimweg in den Bus einsteigen, rufen sie dem Wald ein gemeinsames, lautes »Danke!« zu. Für die Kinder bedeutet dieses Ritual, den Wald als Wert wahrzunehmen und ihre eigene Verantwortung zu spüren. Ihr fröhliches Spiel im Wald wird dadurch nicht beeinträchtigt.

Kinder ermutigen, Ich-Spuren zu prägen, sie wahrzunehmen und zu bewerten

Wenn ein Kind eigenständige Handlungsideen entwickelt, spürt es seine Einmaligkeit. Ein großer Teil seines Spiels birgt diese Einmaligkeit: Beim Ausprobieren, wie ein Gegenstand funktioniert, beim Malen und Bauen, beim Formen mit Knete oder Ton und vor allem beim Rollenspiel braucht das Kind keine Vorgaben, sondern es setzt eigene Ideen um. Es forscht und erfindet und hinterlässt »Ich-Spuren«. Wenn das Kind dagegen Aufträge ausführt oder etwas nach einer Vorlage herstellt, läuft es in »vorgespurten Loipen«. Das Gefühl, Schöpfer von Ideen und Werken zu sein, ist dann geringer. In den letzten beiden Kindergartenjahren und im Grundschulalter streben Kinder zunehmend mehr Perfektion an und freuen sich auch über das Nachvollziehen einer Vorlage. Das Entwickeln eigener Handlungsideen sollte aber weiter unterstützt werden, damit das Kind darin stark bleibt.

Kinder wachsen an ihrer Einmaligkeit und an dem, was sie in den Gemeinschaften, in denen sie leben, verantwortlich und selbstbestimmt zu geben in der Lage sind. Es macht sie stolz, wenn Erwachsene ihnen eigenständige Ideen zutrauen und ihre Ideen und Lösungswege annehmen und – wenn immer möglich – realisieren. Menschen mit eigenständigen Ideen übernehmen mehr Initiative und Verantwortung als diejenigen, die nur Aufträge ausführen. Deshalb braucht das Kind Ermutigung und Bestätigung, und zwar auch dann, wenn seine Idee Mängel aufweist oder nicht umsetzbar ist: »Mir gefällt deine Idee, Jannis, aber leider …«

Abbildung 7.6: Erzieherinnen erstellen mit den Kindern Portfolios. Diese Mappen vermitteln dem Kind, dass es in seiner Ich-Leistung wahrgenommen und wertgeschätzt wird.

Eltern und Erzieherinnen, die dem Kind vermitteln, dass selbstständige Leistungen erwünscht sind und dass sie sich über die Ideen des Kindes freuen, bestärken das Kind in seiner Leistungsfähigkeit und tragen dazu bei, dass es seine Ich-Spuren wahrnimmt und daran wächst. Allerdings muss das Kind im Rahmen seiner Fähigkeiten seine Handlungen auch bewerten, damit es ungünstige Nebenfolgen erkennt und berücksichtigt. Dafür benötigt es Hilfe. Die Erwachsenen werden dem Kind vor allem helfen, soziale und ökologische Wirkungen zu erkennen und zu bewerten, nämlich die Bedeutung für Betroffene sowie die sinnvollen oder schädlichen Folgen beim Umgang mit Material und mit Lebewesen in der Natur.

Beispiele:

- Die Mutter sucht wie schon öfter nach einem Kugelschreiber. Ella, fünf Jahre, erinnert sich an einen Becher im Kindergarten, in dem die Buntstifte bereitstehen. Sie schlägt der Mutter vor, die Kugelschreiber in ein Glas zu stellen. Die Mutter findet die Idee gut und bestätigt am nächsten Tag, dass sie jetzt keine Schwierigkeiten mehr hatte, einen Stift zu finden.
- Die Familie diskutiert über Möglichkeiten, Energie einzusparen. Die Kinder beteiligen sich. Ihre Gedanken werden wo immer möglich anerkannt, auch und gerade wenn es sich um Vorschläge mit geringer Wirkung handelt, etwa den Vorschlag, ein Standby-Licht auszustellen, zu kehren anstatt den Staubsauger zu benutzen oder die Tür des Kühlschranks schnell wieder zu schließen. Jetzt sind die Kinder wachsam und weisen die Eltern auf Unachtsamkeit hin. Die Eltern nehmen die kritisierenden Hinweise an, machen – wenn nötig – aber deutlich, dass sie freundlich geäußert werden sollen.
- Manche Kinder im Kindergartenalter sehen bereits von sich aus, dass irgendwo etwas nicht gut läuft und ergreifen Initiative: Ein Wasserhahn war nicht richtig zugedreht; ein Käfer hat sich durch das offene Fenster ins Zimmer verirrt und findet den Weg nicht mehr nach draußen; jemand läuft bei Rot über die Straße.
- Hatice, fünf Jahre, macht im Kindergarten der dreijährigen Irina Mut, auf ein Klettergerüst zu steigen. Die Erzieherin sieht das und sagt zu Hatice, dass es gut ist, einem Kind Mut zu machen, dass es aber sein könnte, dass

Irina nicht mehr allein herunter findet und Angst bekommt. Deshalb ist es besser, Irina nicht zu ermuntern, sondern abzuwarten, bis sie sich alleine traut.

- Mike, sechs Jahre, zeichnet Formen auf Buntpapier, schneidet sie aus und klebt sie auf ein Zeichenpapier. Dem zuschauenden Johannes fällt auf, dass Mike die Formen auf die Mitte des Buntpapiers zeichnet. Er macht Mike auf sparsamen Verbrauch des Papiers aufmerksam. Mike sieht sein ungünstiges Verhalten ein und zeichnet die nächsten Formen jeweils an den Rand des Buntpapiers.

Je mehr die Kinder erkennen, dass sie sinnvolle Beiträge geben können und dabei bestärkt werden – allerdings immer mit kritischem Blick auf die Folgen und Nebenwirkungen –, desto aktiver, mutiger und ideenreicher werden sie sich einsetzen. Bei entsprechender Bestärkung bestehen gute Chancen, dass sie im Laufe ihrer Kindheit und Jugend ihren Radius der »Lebensgemeinschaft« erweitern bis hin zu ökologischer und global sozialer Verantwortlichkeit. Das übergeordnete Erziehungsziel für Eltern und Berufserzieher, nämlich die Entwicklung des Kindes zu einer gemeinschaftsfähigen Persönlichkeit zu fördern, endet in der heutigen Weltsituation grundsätzlich erst bei einer Gemeinschaftsfähigkeit, die globale Dimensionen einbezieht.

8 Stark machende Erziehung in ihrer Bedeutung für globale Zukunftsaussichten

Die augenblicklichen Krisen machen die prekäre Weltsituation in mehrfacher Richtung deutlich: Harald Schumann und Christiane Grefe fassten die globale Situation unter dem Titel »Weltkrieg oder Weltgesellschaft« bereits 2009 so zusammen: »Die Frage ist ja nicht, ob die Industriestaaten mit den Aufsteigerländern Asiens und den Ölstaaten ein neues Finanz- und Währungssystem aushandeln müssen, sondern nur, ob sie es vor dem Zusammenbruch des alten tun oder danach. Die Frage ist auch nicht, ob Amerikaner, Europäer und Japaner ihren Ressourcenverbrauch radikal senken werden, sondern nur wann und unter welchen Umständen sie das tun. Die Frage ist nicht, ob wir uns Hilfe für die Armen leisten können, sondern ob wir es uns leisten können, damit zu warten, bis ihre Not die unsere wird.« (Schumann, Grefe, 2009 b, S. 170).

Wenn wir nicht warten dürfen, muss auch die Pädagogik fragen, wo ihr Anteil liegt, und muss mit ihren Möglichkeiten dazu beitragen, dass die nächsten Generationen für globale Probleme sensibel und für ihren gesellschaftlichen Beitrag stark werden.

Ich fasse die in diesem Buch gemachten Aussagen zusammen:

Stark machende Erziehung entspricht der Entwicklung des Kindes

Ein zusammenfassender Rückblick auf die Kapitel dieses Buches macht deutlich:

- Das Kind ist in seiner frühen Kindheit überaus lernfähig.
- Es hat eine hohe Motivation, die Welt kennenzulernen, sich ein Bild der Welt, die es erlebt, zu machen und sich in dieser Welt zum Ausdruck zu bringen und zu bewähren.

- Es ist bestrebt, seine zunehmenden Fähigkeiten zu erweitern und zu differenzieren.
- Mit seinem starken Bedürfnis nach Kontakt mit Peers und dem Bestreben, sich in Gruppen zurechtzufinden, sowie dem Bemühen, einen ihm entsprechenden Standort in der jeweiligen Gruppe zu finden, erweitert es entwicklungsbedingt seine sozialen Fähigkeiten.
- Kinder wollen in den Gemeinschaften, in denen sie leben, von Bedeutung sein und sich in irgendeiner Form einbringen und auch mitbestimmen.
- Sie lieben es, im Freien zu sein und die Natur in ihrer Vielfalt zu entdecken. Mit ihrem Einfühlungsvermögen auch in kleine und schwache Lebewesen sind sie in der Lage, überschaubare Prozesse in der Natur zu erkennen und auch zu schützen.

Die Entwicklung von Moral und Ethik geschieht erst in der späteren Jugend, sie baut aber auf den konkreten Erfahrungen von Gut und Böse in der frühen Kindheit und im Grundschulalter auf. Deshalb braucht das Kind in seinem ersten Jahrzehnt vielseitige Erfahrungen, die es befähigen, später eine Ethik zu entwickeln, die global-soziales und ökologisch-nachhaltiges Verhalten zur Grundlage hat. In den ersten Lebensjahren werden Weichen gestellt, weil es sich immer um den Beginn von Entwicklungsprozessen handelt. Ein weiterer Grund für die hohe Bedeutung der frühen Kindheit für die spätere Entwicklung liegt in der enormen Lernfähigkeit des Kindes in Lernbereichen wie Wahrnehmung mit den Sinnen, zielstrebiges Verhalten, (körperliche) Anstrengungsbereitschaft, Naturbezug, Gruppenfähigkeit, Kommunikationskompetenz oder Konfliktbearbeitung. Wenn Eltern und Erzieherinnen die Lernfortschritte des Kindes mit Interesse verfolgen und das Kind bei seinen Stärken unterstützen, bleibt es lernfreudiger als wenn es in konkurrierendem Vergleich Defizite aufarbeiten soll. Seine Fähigkeiten blühen auf, wenn es Erfolge wahrnimmt und sich in guter Stimmung mit neuen Lernfeldern auseinandersetzt. Kinder, die sich in ihrer frühen Kindheit sowohl in der Familie als auch in der Tageseinrichtung anerkannt und geliebt fühlen, entwickeln eine gute Resilienz und schrecken vor Hausforderungen nicht so schnell zurück. Die frühe Kindheit kann deshalb als die wichtigste Lebensphase für die Entwicklung zu einer starken und gemeinschaftsfähigen Persönlichkeit angesehen werden.

Die globale Zukunftsbewältigung benötigt starke Persönlichkeiten mit einer sozial und nachhaltig empfindenden Grundhaltung

Kinder für die Zukunft stark zu machen, hilft ihnen nicht nur für die Bewältigung ihrer individuellen Zukunft. Die Weltgemeinschaft steht vor noch nie da gewesenen globalen Krisen, für die nur äußerst schwer Lösungen zu finden sind. Bewältigungsstrategien aus der Vergangenheit können bestenfalls in Teilbereichen helfen. Lebensstiländerungen – insbesondere in den Industrieländern – kommen dabei unvermeidlich auf uns zu. Die Erde hat nicht die Ressourcen für eine Fortsetzung des augenblicklich hohen Konsums. Das sich verändernde Klima verlangt ebenfalls die Reduzierung des Verbrauchs, denn die Menschheit beginnt bereits, Teile der bewohnbaren Erde unbewohnbar zu machen. Veränderungen müssen überaus schnell in die Hand genommen werden, weil die angefangenen klimaerwärmenden Prozesse sich selbst auch dann noch verstärken werden, wenn wir sofort jeglichen Ausstoß von klimaschädlichen Gasen beenden würden.

Wie auch immer der Lebensstil verändert werden wird und ökologische Grenzüberschreitungen vermieden werden, von den Menschen wird Zielstrebigkeit, Durchhaltevermögen und Verantwortlichkeit verlangt werden. Dafür sind starke Persönlichkeiten notwendig, die entsprechende Gradlinigkeit und das notwendige Stehvermögen aufbringen und nicht resignieren. Darüber hinaus wird soziales Denken und Handeln einen höheren Stellenwert bekommen müssen, denn die zurzeit zunehmende finanzielle Ungleichheit in und zwischen Ländern schafft Unfrieden und kann keine Lösung sein. Der Protest armer Bevölkerungsschichten greift bereits weltweit um sich. Das wirtschaftliche System zukunftsorientiert zu verändern, kann nur auf einer Basis gelingen, auf der global-sozial und ökologisch-nachhaltig gedacht und gehandelt wird, denn die Weltwirtschaft ist global verquickt und die ökologischen Schäden kennen keine Landesgrenzen. Im Gegenteil! Die weitgehend in der nördlichen Hemisphäre verursachten Schäden wirken sich zerstörender in den Ländern der südlichen Erdhalbkugel aus.

Es gibt einen weiteren Grund, weshalb es für die Zukunftsbewältigung gut ist, wenn wir Kinder so unterstützen, dass sie stabile soziale Fähigkeiten, gute Gruppenkompetenzen und ein hohes Wohlgefühl im Gruppenleben entwickeln: Das Wohlgefühl, das der Mensch in Gruppen erlebt, etwa durch Anerkennung und durch Erfolgsfreude an eigenen Beiträgen, steigert sein Glücksgefühl. Dadurch ist er weniger auf Wohlgefühl angewiesen, das er durch materiellen Konsum gewinnt. Zudem ist das sozial begründete Wohlgefühl in der Regel tiefer und anhaltender als Freude am materiellen Besitz. Das bedeutet, weniger von Konsum abhängig zu werden. Der Mensch kann bei einem höheren sozialen Wohlgefühl den Konsum leichter reduzieren (Kapitel 6.2). Wir leisten deshalb Kindern einen guten Dienst, wenn wir sie darin unterstützen, aus ihren sozialen Beziehungen Lebensfreude zu gewinnen, denn dann sind sie jetzt und später für ihre Lebenszufriedenheit weniger auf Konsum und materiell betonte Freuden angewiesen.

Die weltweit zunehmenden Aufstände unterschiedlichster Bevölkerungsgruppen gegen die auseinandergehende Schere zwischen Arm und Reich und gegen undemokratische Regierungsformen werden vielleicht dazu beitragen, dass ein verändertes Finanz- und Währungssystem entwickelt werden wird, das zu mehr gesellschaftlicher Gleichheit innerhalb von Ländern und zwischen Ländern führt. Gesellschaftliche Gleichheit erhöht nachweislich ebenfalls das Wohlgefühl der Menschen (Wilkinson, 2009). Auch dadurch kann konsumunabhängiges Wohlgefühl gesteigert werden. In Demokratien müssen Veränderungen von unten und von oben ergriffen und getragen werden. Die Bevölkerungsmehrheit muss in der Regel die Veränderungen wollen, bevor die Politik sich damit befasst. Das heißt, soziales und ökologisch-nachhaltiges Denken und Handeln sind nicht nur erforderlich, damit der Einzelne mit veränderten Lebensbedingungen zurechtkommt, hohe soziale Kompetenzen und eine starke ökologisch-nachhaltige Überzeugung sind auch notwendig, damit politische und wirtschaftliche Alternativen gefunden, umgesetzt und gelebt werden.

Die Erziehungswissenschaften und die Pädagogen müssen ihren Anteil an der Zukunftsbewältigung erkennen und daran arbeiten

Eltern sind eine Bevölkerungsgruppe, die den Blick auf die Zukunft nicht so leicht verdrängen kann. Das Kind erinnert sie ständig an die Zukunft. Außerdem sucht das Kind nach Lebenssinn und fordert wachsame Eltern heraus, über ihr Leben und auch über zukünftiges Leben nachzudenken und sich für zukünftige Entwicklungen zu interessieren. Jakob von Uexküll, Gründer des alternativen Nobelpreises und Initiator des World Future Councils, der die Ansicht äußerte, dass Eltern Rebellen sein müssten, um gegen die gesellschaftlichen Einflüsse anzugehen, hat trotzdem Hoffnung, dass die notwendigen Veränderungen rechtzeitig leistbar sind. Er schreibt in seinem Buch »Das sind wir unseren Kindern schuldig«: »... denn wir Menschen sind so beschaffen, dass in Krisenzeiten große Schritte oft leichter zu vollziehen sind als kleine, denn die großen erscheinen der Krise angemessen und können daher eher inspirieren und mobilisieren. Wenn die Zeit reif ist, sind große Veränderungen auch in sehr kurzen Zeiträumen möglich.« (Uexküll 2007, S. 52). Wenn große Veränderungen in sehr kurzen Zeiten auf uns zukommen – womit zu rechnen ist – werden starke Kinder und starke Erwachsene besser damit umgehen können Sie werden mehr Mut und mehr Kraft haben und dadurch die Chancen einer erfolgreichen Krisenbewältigung erhöhen. Stark machende Erziehung unter Einbezug sozialer und ökologischer Verantwortlichkeit ist deshalb in mehrfacher Hinsicht eine Notwendigkeit für das Meistern der individuellen und der globalen Zukunft.

Unabhängig davon, wie die augenblicklichen Krisen bewältigt werden: Immer und in aller Zukunft wird die Gefahr bestehen, dass Mächtigere unter den Menschen auf Kosten der Schwächeren sowie auf Kosten der Natur und der zukünftigen Generationen nach mehr greifen werden. Gier ist ein Merkmal, das leider zum Menschsein gehört. Für immer wird deshalb die Gefahr bestehen bleiben, die Natur in ihrem Kreislauf irreparabel oder für unvorstellbare Zeiten zu schädigen. Durch das Aussterben von Tierarten, die Zerstörung von Regenwäldern, die Naturschädigungen durch Klimakatastrophen oder die Nutzung der Atomkraft ist das bereits in Teilbereichen des Planeten geschehen. Ebenfalls bleibt die Gefahr für Kriege bestehen, für blutigen oder auch unblutigen Völkermord – wie Jean Ziegler, ehemaliger UNO-Sonderberichterstatter für das Recht auf Nahrung, die Ausbeutung und das Verhungern von Millionen von Menschen, insbesondere von Kindern, bezeichnet. Diese Gefahren bleiben für alle Zukunft bestehen, weil das Wissen über lokale und globale Ausbeutungsmöglichkeiten der Natur und der Menschen vorhanden ist und auch dann nicht gelöscht werden kann, wenn eine faire und ökologisch verantwortbare globale Wirtschaftsordnung entwickelt, global vereinbart und im Wesentlichen gelebt werden würde. Ebenso bleibt das Wissen über Massenvernichtungswaffen und über ihre Produktionsmöglichkeiten auch dann erhalten, wenn alle Atom- und sonstigen Massenwaffen vernichtet werden würden.

Deshalb: Die Erziehungsziele »*globale Solidarität*« und »*Vermeidung von ökologischen Grenzüberschreitungen*« müssen nicht nur jetzt, sondern *in aller Zukunft* die Erziehung zu demokratischem Denken und Handeln grundlegend erweitern. Darüber hinaus muss weiterhin eine stark machende Pädagogik wichtig sein. Materielle Wunschbefriedigung wird immer Menschen in Versuchung bringen. Die Zukunft braucht Menschen, die sozial, ökologisch und nachhaltig denken und zu entsprechendem Handeln mit hoher Motivation und Ausdauer bereit sind. Die Erde benötigt Menschen, die sich für globale und nachhaltige Prozesse mitverantwortlich fühlen, auch dann, wenn die schädlichen Wirkungen für sie nicht direkt erkennbar sind. Die Erde benötigt Menschen, die ihren individuellen Beitrag verbindlich einbringen und demokratische Prozesse initiativ und verantwortlich einfordern und mittragen. Dazu werden diejenigen Menschen kompetenter in der Lage sein, die leistungsstark sind, die fähig sind, Hürden zu meistern, die vor Anstrengungen weniger zurückschrecken, Menschen, die das Bemühen um globale Solidarität verinnerlicht haben und die ihr Haben zugunsten vom Sein reduzieren können.

Die pädagogische Wissenschaft muss in ihrer Forschung und in ihrer theoretischen Auseinandersetzung weiter nach Wegen suchen, wie Kinder, Jugendliche und Erwachsene für eine entsprechende Einstellung und Lebensweise beeinflusst und gestärkt werden können. Und wenn Pädagogen – Eltern und Berufspädagogen – die Herausforderungen der Zukunft nicht ernst nehmen, ist eine wichtige Entwicklungschance für heutige Kinder, insbesondere in den immer noch materiell gut versorgten Industrieländern, verpasst oder zumindest verzögert. Möglicherweise trägt mangelndes pädagogisches Ernstnehmen dazu bei, brauchbare Lösungen gefährlich hinauszuschieben. Es geht heute und in Zukunft nicht mehr nur darum, ein Kind für *seine individuelle Zukunft* stark zu machen. Eltern und professionelle Pädagogen müssen die gemeinsame *Zukunft der Menschheit* im Blick haben und müssen die ihnen anvertrauten Kinder für global-soziale und ökologische Verantwortlichkeit motivieren und stärken.

Literatur

Bergmann, Wolfgang (2011). Lasst eure Kinder in Ruhe! Gegen den Förderwahn in der Erziehung. München: Kösel-Verlag.

Bergmann, Wolfgang (2005). Gute Autorität. Grundsätze einer zeitgemäßen Erziehung. Weinheim und Basel: Beltz.

Franz, Margit (2008). Tabuthema Trauerarbeit. Erzieherinnen begleiten Kinder bei Abschied, Verlust und Tod. (2. Aufl.). München: Don Bosco.

Franz, Margit (2002). Wenn das Jahr zu Ende geht. Auch das Abschiednehmen will gelernt sein. In: TPS – Theorie und Praxis der Sozialpädagogik, Heft 10, S. 48–52.

Geißler, Karlheinz A. (2010). Lob der Pause. Warum unproduktive Zeiten ein Gewinn sind. München: Oekom.

Goleman, Daniel (2009). Ökologische Intelligenz. Wer umdenkt, lebt besser. München: Droemer.

Goleman, Daniel (1996). Emotionale Intelligenz. München und Wien: Carl Hanser.

Hessel, Stéphane (2010). Empört Euch! Berlin: Ullstein Buchverlage.

Hessel, Stéphane & Vanderpooten, Gilles (2011). Engagiert Euch! Berlin: Ullstein Buchverlage.

Jackson, Tim (2011). Wohlstand ohne Wachstum. Leben und Wirtschaften in einer endlichen Welt. (2. Aufl.). München: oekom verlag.

Klein, Irene (1992). Gruppenleiten ohne Angst. Ein Handbuch für Gruppenleiter. (4. Aufl.). München: J. Pfeiffer.

Kobelt Neuhaus, Daniela (2005). Von gleichaltrigen Kindern lernt sich's leichter. Über die Bedeutung der Peers für die Entwicklung. In: TPS – Theorie und Praxis der Sozialpädagogik, Heft 06, S. 12–15. Seelze: Kallmeyer'sche Verlagsbuchhandlung.

Kroon van der, Coen (1996). Die goldene Fontäne – Die praktische Anwendung der Urin-Therapie. (10. Aufl.). Köln: vgs verlagsgesellschaft.

Leggewie, Claus & Welzer, Harald (2011). Das Ende der Welt, wie wir sie kannten. Klima, Zukunft und die Chancen der Demokratie. Frankfurt am Main: Fischer Taschenbuch.

Leicht, A. (2006). Gerechtigkeit – Globalisierung – Gestaltung der Zukunft. Perspektiven der UN-Dekade »Bildung für nachhaltige Entwicklung« aus globaler und nationaler Sicht. In: M. Loewenfeld & S. Kreuzinger (Hrsg.). Fit in die Zukunft. Praxisbeispiele einer Bildung für nachhaltige Entwicklung. S. 10–17. München: oekom.

Lutz, Barbara & Knauf, Tassilo (2009). Kinder suchen Sinn, Wahrheit und Glück – Was kann eine gegenwartsorientierte Pädagogik bieten? Berlin, Düsseldorf, Mannheim: Cornelsen Scriptor.

Miklitz, Ingrid (2005). Der Waldkindergarten. Dimensionen eines pädagogischen Ansatzes. (3. Aufl.). Weinheim und Basel: Beltz.

Morin, Edgar (2001). Die sieben Fundamente des Wissens für eine Erziehung der Zukunft. Hamburg: Krämer.

Oerter, Rolf (1999). Psychologie des Spiels. Ein handlungsorientierter Ansatz. Weinheim, Basel: Beltz.

Pausewang, Freya (2011a). Deine Stärken machen dich stark! In: klein&groß – Lebensorte für Kinder. Heft 2–3, S. 20–23. Oldenbourg: Schulbuchverlag.

Pausewang, Freya (2011b). Wertschätzung der fremden Kulturen. In: klein&groß – Lebensorte für Kinder. Heft 1, S. 12–15. Oldenbourg: Schulbuchverlag.

Pausewang, Freya & Strack-Rathke, Dorothea (2009). Ins Leben begleiten. Bildung und Erziehung in der sozialpädagogischen Praxis. Berlin, Düsseldorf, Mannheim: Cornelsen Scriptor.

Petri, Horst (2006). Jugend auf der Suche. Welche Werte die Gesellschaft Jugendlichen vorenthält. Freiburg, Basel, Wien: Herder.

Pohl, Gabriele (2006). Kindheit – aufs Spiel gesetzt. Berlin: Dohrmann.

Pongs, Armin (2004). In welcher Gesellschaft leben wir eigentlich? München: Dilemma.

Pongs, Armin (2003). In welcher Gesellschaft wollen wir leben? München: Dilemma.

Precht, Richard D. (2010). Die Kunst, kein Egoist zu sein. Warum wir gerne gut sein wollen und was uns davon abhält. München: Wilhelm Goldmann.

Reinders, Heinz (2002). Interethnische Freundschaften bei Jugendlichen. Hamburg: Dr. Kovac.

Schumann, Harald & Grefe, Christiane (2009 a). Der globale Countdown. Gerechtigkeit oder Selbstzerstörung – Die Zukunft der Globalisierung. (2. Aufl.). Köln: Kiepenheuer & Witsch.

Schumann, Harald & Grefe, Christiane (2009 b). Weltkrieg oder Weltgesellschaft. In: Das Ende des Kasino-Kapitalismus? Globalisierung und Krise. S. 155–171. Bonn: Blätter Verlagsgesellschaft mbH.

Spitzer, Manfred (2009). Lernen. Gehirnforschung und die Schule des Lebens. Heidelberg: Spektrum Akademischer Verlag.

Stengel, Oliver (2011). Suffizienz. Die Konsumgesellschaft in der ökologischen Krise. München: oekom verlag.

Thomas, Carmen (1993). Ein ganz besonderer Saft – Urin. Köln: vgs verlagsgesellschaft.

Uexküll, Jakob von (2007). Das sind wir unseren Kindern schuldig. Hamburg: EVA/Europäische Verlagsanstalt.

Unverzagt, Gerlinde & Hurrelmann, Klaus (2001). Konsum-Kinder. Was fehlt, wenn es an gar nichts fehlt. Freiburg: Herder.

Viernickel, S. (2006). Zur Bedeutung der Peerkultur. In: L. Fried & S. Roux (Hrsg.). Pädagogik der frühen Kindheit. Handbuch und Nachschlagewerk. S. 65–74. Weinheim und Basel: Beltz.

Wilkinson, Richard & Pickett, Kate (2009). Gleichheit ist Glück – Warum gerechte Gesellschaften für alle besser sind. Berlin: Tolkemitt Verlag.

Winterhoff, Michael (2008). Warum unsere Kinder Tyrannen werden. Oder: Die Abschaffung der Kindheit. (11. Aufl.). München: Gütersloher Verlagshaus.

Wuppertal Institut für Klima, Umwelt, Energie (2008). Studie: »Zukunftsfähiges Deutschland in einer globalisierten Welt«. Brot für die Welt. (Hrsg.). Frankfurt/M: Fischer Taschenbuch Verlag.

Wustmann, Corina (2004). Resilienz. Widerstandsfähigkeit von Kindern in Tages - einrichtungen fördern. Berlin, Düsseldorf, Mannheim: Cornelsen Sciptor.

Ziegler, Jean (2011). Die nicht gehaltene Festspielrede. Salzburg: Ecowin Verlag.

Ziegler, Jean (2005). Das Imperium der Schande. Der Kampf gegen Armut und Unterdrückung. (4. Aufl.). München: C. Bertelsmann.

Internetadressen

www.dekade.org (Zugriff Juni 2011)

www.wbgu.de/factsheets/factsheet-22011/: Wissenschaftlicher Beirat der Bundesregierung (WBGU): Globale Umweltveränderungen. Ein Gesellschaftsvertrag für die Transformation.

Bildquellen

Städtische Kinderkrippe Gleiwitzer Straße, Mainz:
Seiten 39, 45, 49, 65, 68, 99, 104, 121, 130, 162

Städtische Kindertagesstätte Feldbergplatz, Mainz:
Seiten 51, 60, 63, 71, 81, 82, 91, 102, 124, 127, 134, 146, 154, 159, 167

Städtische Kindertagesstätte Goetheplatz, Mainz:
Seite 137

terre des hommes Kindertagesstätte, Wiesbaden:
Seiten 42, 110, 112

Barbara und Arno Haschke, Erlangen:
Seiten 54, 77 (und Coverfoto)

Svenja Pausewang, Schwalbach a.Ts.:
Seiten 94, 159